품격있는 인생2막,
파크골프로 즐기자

파크골프를 통해 배우는 몸과 마음의 조화, 인생의 품격

품격있는 인생2막, 파크골프로 즐기자

김호순 지음

좋은땅

"글을 쓴다는 건, 자신의 마음을 누군가에게 건네고 싶은 일이다.

책을 읽는다는 건, 누군가의 이야기에 귀 기울이는 일이다.

책을 펼친다는 건, 누군가와 마음을 나누고 싶을 때다.

책을 선택하는 순간, 두 사람은 인연이 된다."

프롤로그

파크골프는 인생을 닮았다.

파크골프는 공을 치고 굴리는 운동뿐만 아니라 곰곰이 들여다보면, 인생의 풍경이 고스란히 담겨 있다. **잔디 위에서** 공을 굴리는 모습에 평소의 습관이 **그대로 드러나고,** 홀컵 앞에 서는 순간에는 오롯이 나 자신과 마주해야 한다. 잔디와 바람을 읽고, 호흡을 가다듬으며, 균형을 잡는 그 과정은 삶에서 매 순간 최선을 다하는 우리의 모습과 닮아 있다.

인생만큼이나 굴곡이 많은 스윙, 타수를 줄이려는 욕심은 우승이라는 목표를 세운 나를 비웃곤 한다. 공을 따라 걸으며 웃고, 실수하면서 함께 아쉬워하고, 동반자와 나누는 한마디 속에서 우리는 즐거움을 배운다. 홀로 설 줄 알면서도, 함께 어울릴 줄 아는 것. 그것이 파크골프가 주는 교훈이자, 삶이 우리에게 요구하는 태도다.

이 책은 단순히 파크골프의 기술만 담지 않는다. 스윙을 넘어 그 안에서 얻은 깨달음과 여유, 그리고 함께 즐기는 삶의 품격을 이야기하려 한다.

목차

제4부 마음 근력과 루틴

제5부 파크골프, 즐겨야 즐겁다

제1부

파크골프, 문을 열다

1부에서는 파크골프의 역사,

그리고 소박하면서도 매혹적인 골프의 매력을 담아 낸다.

[1장] 파크골퍼로 입문하기

파크골프의 첫 만남은 늘 설렘으로 다가온다.

1) 우리나라 파크골프의 현 주소

파크골프장은 일반 골프장의 축소판이며 남녀노소, 장애인 모두가 즐길 수 있는 생활 스포츠다. 골프의 맛은 살리면서도 운동 효과는 높이고, 비용은 줄일 수 있어 중장년층 사이에서도 인기가 높다.

특히 각 지자체는 유휴지로 있던 강변 둔치에 공원을 조성해 시민들이 여가와 힐링을 즐기도록 했다. 그 잔디 위에 깃대를 세우자, 자연스럽게 파크골프장이 탄생했다.

이미 만들어진 잔디 공원을 훼손하지 않고, 그 위에 파크골프라는 시스템을 얹은 셈이다. 덕분에 시민들은 가까운 곳에서 누구나 쉽게 접근할 수 있는 운동 공간을 가지게 되었고, 파크골프장은 지역 사회에 새로운 활력소로 자리 잡았다. 지금은 수많은 사람들이 그곳을 작은 낙원처럼 여기며 매일같이 찾고 있다.

2) 파크골프의 유래

공식적인 시작: 1983년경, 일본 홋카이도 마쿠베츠정(幕別町)이라는 작은 마을에서 시작되었으며, 당시 일본에서는 노인 인구가 늘면서 "누구나 쉽게 즐길 수 있는 건강한 운동"이 필요하다고 생각한 행정과 주민들이 앞장섰다. 나이와 체력에 상관없이 쉽게 즐길 수 있는 생활스포츠를 구상하며 처음으로 7홀 규모의 코스를 만들었다. 이것이 오늘날 전 세계로 퍼져 나간 파크골프의 출발점이었다.

파크골프의 탄생에 얽힌 또 다른 따뜻한 이야기도 전해진다. 마에바라 쓰요시는 양로원 병원 원장으로 재직 시 환자 어르신들에게 가장 행복했던 순간이 무엇이었는지를 물었고, 그들은 한결같이 "골프 라운

딩을 했을 때"라고 답했다.

그러나 고령자들이 정규 골프를 즐기기에는 체력적·경제적 부담이 컸다. 이에 착안해 기존 골프의 매력을 유지하면서도 누구나 쉽게 즐길 수 있는 '소형 골프'를 고안했고, 일본 홋카이도 마쿠베쓰 강변에 7홀 규모의 진달래 코스를 조성한 것이 그 시작이었다고 전해 내려오기도 한다.

우리나라에는 2000년 진주 상락원에 처음 파크골프장이 개장되었으며, 2004년 서울 여의도 공원에 9홀의 파크골프장이 생기면서 본격적으로 확산되었다. 지금은 전국적으로 수백 개의 파크골프장이 조성되어, 노년층뿐만 아니라 가족 단위와 청년층까지 즐기는 생활 체육으로 자리 잡고 있다.

3) 파크골프 기본 사항

파크골프(Park Golf)는 '공원(Park)'과 '골프(Golf)'의 합성어다. 공원 같은 잔디밭에서 파크골프채 하나만으로 공을 굴려 홀컵에 넣는 생활 레저 스포츠다.

파크골프를 처음 시작하는 사람에게 중요한 것은 적절한 장비 선택, 스윙에 필요한 기본 동작, 그리고 꾸준한 연습과 경험을 쌓아 가야 한다. 공을 치는 기술만이 아니라 매너와 규칙을 익히는 것도 필수다.

(1) 파크골프장 개요

① 구장 크기: 파크골프구장 크기는 대체로 일반 골프장의 약 1/10 규모다.

② 홀 구성: 코스는 보통 9홀 기준으로 시작하며, 지역 여건에 따라 18홀, 36홀, 72홀도 있다.

③ 코스 표시: A코스(빨강), B코스(파랑), C코스(노랑), D코스(흰색)으로 구분한다.

④ 홀 거리: 파3(40~60m), 파4(60~100m), 파5(100~150m). 구장에 따라 다소 차이가 있다.

⑤ 라운드: 매홀 티잉그라운드에서 시작해 페어웨이를 지나, 해당 홀컵에 공을 넣는 것으로 한홀이 끝나며 이렇게 18홀 전체를 도는 것을 1라운드라고 한다.

(2) 골퍼로서의 기본 학습

① 목표 방향을 명확히 잡는다.

② 공이 똑바로 굴러가도록 공을 정확히 맞힌다.

③ 거리는 스윙의 크기나 힘의 강도로 조절한다.

④ 기본 스윙 자세를 꾸준히 연습해 자신만의 궤도를 만든다.

⑤ 초보자는 '멀리 보내기'보다 방향성과 거리감부터 익힌다.

⑥ 매일 일정한 걷기 운동으로 체력을 기른다.

⑦ 골프는 집중력과 의지의 경기임을 잊지 말자.

(3) 위험이 노출된 파크골프 구장

파크골프장은 좁은 공간에서 클럽과 공을 사용하기 때문에 항상 위험이 존재한다. 작은 부주의가 큰 사고로 이어질 수 있고, 특히 골프채는 순간적으로 흉기가 될 수 있다. 파크골프장은 공간이 좁고 공이 날아다니므로 늘 위험이 존재한다. 스윙을 하기 전에는 반드시 주변을 살펴야 한다.

① 스윙 전 반드시 주변을 확인한다.

② 공이 사람 쪽으로 향하면 큰소리로 "볼!"을 외쳐 알린다.

③ 경기 중 동반자의 샷이 끝나기 전에 앞지르지 않는다.

④ 준비운동과 마무리 운동을 반드시 한다.

⑤ 무리한 스윙은 부상으로 직결된다.

⑥ 경기 중에는 연습하지 말고, 불필요한 잡담이나 코칭도 삼간다.

⑦ 활동성 있는 복장, 운동화, 모자, 장갑은 필수다.

[2장] 파크골프장은 쉼터다

파크골프의 매력은, 삶의 활력을 다시 불러일으키는 힘에 있다.

1) 파크골프장 풍경

강변을 걷다 보면 산책길 옆에서 공원에 깃대가 꽂혀 있는 파크골프장을 만난다. 잔디 위에서 스윙을 준비하는 사람들, 공이 그린을 향해 구르는 장면들. 이 모든 것이 단순한 놀이를 넘어서서 몸은 건강해지고 마음은 환해진다.

파크골프를 즐기는 골퍼들은 하루 평균 6천 보 이상을 걷는다. 나이가 들어도 멋진 골프복을 차려입고, 하하 호호 웃으며 "오늘은 만 보를 넘겼다"라며 자랑하는 모습은 마치 중장년들의 낙원을 보는 듯하다. 구장을 자주 걷다 보면 지구력도 붙는다. 건강검진 결과에서도 파크골프인의 병원 이용률은 현저히 낮다고 한다. 의료비 절감 효과까지 있으니, 이보다 실속 있는 운동이 또 있을까.

무엇보다 파크골프는 심리적 활력소가 생긴다. 마음이 울적한 날, 가까운 구장을 한 바퀴만 돌아도 기분이 한결 가벼워진다. 라운드는 팀으로 진행되기에 '혼자면 어쩌나' 하는 걱정은 필요 없다. 구장에 나가면 언제든 즉석에서 팀이 꾸려지고, 그렇게 만난 사람은 곧 친구가 된다.

2) 골프는 재미있다

골프란 즐길 거리가 무궁무진하다. 샷한 공이 시원하게 날아갈 때, 짜릿함을 느껴 본 적이 있는가.

골퍼들은 이런 순간을 더 즐겁게 만들기 위해 저마다 유쾌한 퍼포먼스를 펼친다. 물론 공이 뜻대로 움직이지 않아 속상하고 애를 태우는 순간도 많다. 그럼에도 불구하고 우리는 자꾸만 구장을 찾게 된다.

초보일 때는 '공을 맞히는 맛'이 있고, 중급자가 되면 '치는 맛'이 있다. 선수는 '홀에 공을 넣는 맛'을 즐기고, 고수는 한 단계 더 나아가, 누구의 공이든 그 움직임을 보며 '결과를 예측하는 재미'를 누린다.

내 공이든 동반자의 공이든 매 순간이 즐길거리이고, 웃음거리가 가득한 곳. 그 현장이 바로 파크골프다.

3) 파크골프장의 유혹

파크골프장은 늘 나를 기다린다. "오늘도 구장에 가자" "오늘은 어떤 샷을 할까?" 하며 내 몸과 마음을 흔들기 시작한다. 공을 맞히는 순간 터져 나오는 경쾌한 소리와 함께 뛰어오르는 심장은 여전히 내가 살아 있음을 확인시켜 준다.

그리고 무엇보다 파크골프는 나를 몰입의 세계로 이끈다. 공 하나, 샷 하나에 온전히 집중하다 보면 잡념이 사라지고, 시간마저 멈춘 듯하다. 공이 홀컵으로 빨려 들어가는 순간의 성취감은 가슴을 벅차게 한다. 잘 맞은 공이 하늘을 가르며 날아가는 순간, 그 짜릿함은 나를 매일같이 코스로 불러내는 가장 강력한 힘이다.

티샷부터 홀컵까지, 매 홀마다 새로운 변수가 등장한다. 어쩌다 홀인원이 터지면 동반자들은 환호성을 지르고, 정작 본인들은 얼떨떨해한다. 긴 퍼팅이 성공할 때면 어깨가 으쓱해진다. 이 전율에 중독된 우리는 "파크골프 치러 가자"는 연락만 받아도 영하 10도의 날씨에도 주저 없이 클럽을 챙겨 든다.

4) 봉사심도 생겨났다

입문하기 전에 누군가가 파크골프를 치려면 "잔디밭에 앉아서 풀을 뽑고, 눈도 치워야 한다"라는 말을 듣고는 고개를 저었다 '다 늙어서 그까짓 공 안 치고 말지, 그런 일은 안 한다!'라고 큰소리쳤다. 하지만 협

회에 등록하고 정식 회원이 되니 상황이 달라졌다. 소속감이 생겼고, 회원들 간의 동지애가 묘하게 마음을 든든하게 했다.

어느 날, 우리 클럽이 담당하는 구역에 토끼풀을 뽑는 날이었다. 무릎이 아픈 것도 잊고 쪼그려 앉아 풀을 뽑고 있는 나, 어떤 날엔 진통제를 먹고 갈퀴질을 하며 리어카를 끌고 있는 나를 발견했다. 순간, '파크골프를 만난 후 내 인생이 꼬였단 말인가?' 하고 웃음이 났다.

그러나 이상하게도 힘들다는 생각이 들지 않았다. 파크골프장의 소중함을 알기에, 잔디를 돌보고 꽃을 심고, 장마철에는 침수된 구장을 정리하는 일도 자연스레 나의 몫처럼 여겨졌다. 젊어서는 하지 않았던 잡초 뽑기도, 눈 치우기도, 이제는 당연하게 받아들이고, 오히려 기꺼이 나서고 싶어지는 마음이 생겼다.

무엇보다 놀라운 건, 회원들 모두가 같은 마음이라는 것이다. 누구 하나 억지로 하지 않는다. 짜증도 불평도 없다. 오히려 즐기듯 웃으며 함께하는 그 모습이 얼마나 아름다운지! 소소한 행복에 만족하고, 동지애로 뭉쳐 있다.

서로들 기꺼이 동참하며, 친목과 협심의 기운이 살아난다. 이것이야말로 서민들의 운동, 파크골프만의 특별한 매력 아닐까 한다.

5) 열악한 파크골프장에서 즐기는 지혜

파크골프장은 대체로 열악한 시설을 갖추고 있다. 둔치 공원에 잔디를 심고, 적당한 거리에 깃대를 꽂은 뒤, 홀과의 경계에는 흰 말뚝과 말뚝 사이를 하얀 줄로 연결해서 OB 구역임을 표시했다. 위험한 곳에는 펜스를 치고, "풀 스윙 금지"라는 표지판이 서 있다.

시설이 이렇게 빈약하다 보니 페어웨이는 울퉁불퉁하고, 배수를 위한 지반 경사 탓에 페어웨이는 한쪽으로 기울거나, 중간에 배수로가 가로지르기도 한다. 일반 골프장에 비하면 턱없이 협소하고 투박하다.

처음 파크골프장을 찾은 이들은 구장 환경을 보고 황당해하거나 당혹스러워한다. 마치 고급 저택가에 살던 사람이 달동네를 마주한 듯한 기분일 것이다.

그러나 나는 일반 골프장을 경험해 본 적이 없어서인지, 불만보다 신기함이 앞섰다. 고르지 않은 그린에서도 공을 척척 넣는 선수들의

솜씨는 놀라웠고, 그런 환경마저 웃으며 즐기는 모습은 더욱 인상적이었다.

홀컵 주변 잔디는 사람들이 밟고 지나가 벌거숭이가 되기 일쑤다. 어느 날 그 자리에 인조 잔디를 덮어 놓았는데, 매끄럽기는 했지만 군데 군데 박아 놓은 고정핀에 공이 걸려 튕겨 나가곤 했다. 심혈을 기울여 친 공이 튕겨 나갈 때면 짜증이 난다. 하지만 동반자들의 반응은 달랐다.

어떤 이는 핀을 넘기는 요령을 찾으려 계속 퍼팅연습을 시도했고, 또 다른 이는 "그린이 어젯밤에 성형수술을 했나 보네"라는 말에 모두들 웃음을 터뜨렸다. 그 말에 한 분이 이어 "얼마나 우릴 보고 싶었으면 실밥도 못 뽑고 왔잖아"라는 농담으로 이어지자, 모두 배꼽을 잡고 웃는다. 짜증 대신 웃음을 택하는 순간, 열악한 시설은 오히려 즐거움의 무대가 되었다.

다음 홀도 사정은 다르지 않았지만, 동반자들의 마음가짐은 달라져 있었다. "환경을 탓하지 말자. 어쩌면 실력을 가리기 위해 일부러 이렇게 만든 것일지도 몰라." 그렇게 받아들이자 불편함은 곧 도전이 되고, 도전은 곧 즐거움이 되었다. 안 되면 즐기라는 말이 있다. 울퉁불퉁하고 움푹 팬 구장에서도 웃고 즐길 수 있는 여유, 그것이 바로 파크골프가 우리에게 가르쳐 주는 삶의 지혜다.

6) 소박함 속의 매력

파크골프는 준비가 단출하다. 운동복에 모자 하나 눌러쓰고, 클럽 하나와 공 하나만 챙기면 된다. 짧은 페어웨이는 위압감이 없어 초보자도 쉽게 입문할 수 있지만, 막상 라운드를 시작하면 결코 단순하지 않다.

파크골프의 묘미는 채 하나로 모든 거리를 조절해야 한다. 거리감, 스윙 강도, 바람의 방향, 코스의 난이도까지…. 한 타 한 타에는 집중과 직감, 신중함과 과감함이 공존한다. 단순한 운동처럼 보이지만, 그 안에는 치밀한 전략과 섬세한 감각이 요구된다.

코스의 지형과 잔디 상태는 공의 궤적을 예측하기 어렵게 만들고, 이는 곧 또 다른 매력 요소가 된다. 홀컵 주변은 더욱 까다롭다. 겉보기에는 큰 컵이라 쉽게 들어갈 것 같지만, 솥뚜껑 모양의 그린 경사와 홀컵 뒤 짧은 OB 라인이 골퍼들의 욕심을 시험하게 한다. '한 번에 넣겠다'는 마음이 오히려 실수를 부르게 하며, 이 또한 의욕과 욕심의 균형을 배우게 한다.

이처럼 파크골프는 단순함 속에서 기술과 정신을 동시에 단련시키며, 때로는 자신의 마음을 들여다보게 만든다. 기술이 쌓일수록 한 타, 두 타 줄여 가는 즐거움도 커지고, 결국 파크골프의 매력에 흠뻑 빠져들게 된다.

7) 파크골프가 만드는 새로운 공동체

예전의 경로당이 어르신들에게 먹거리와 쉼터를 제공해 주었다면, 오늘날의 파크골프장은 건강과 교류, 즐거움까지 동시에 선물하는 어르신들의 놀이터 겸 쉼터다.

은퇴자도, 주부도 자연스레 모여 함께 걷고, 함께 웃으며, 때로는 작은 봉사의 마음까지 나눈다. 그린 위에서 이어진 작은 공 하나가 사람과 사람 사이를 이어 주는 다리가 된다.

요즘은 파크골프 참여 인구가 급격히 늘어나면서 예약 시스템이 도입되고, 일부 지역은 유료로 운영되기 시작하여 불편함이 따른다. 그러나 이러한 예약제도가 제약만을 뜻하지 않고, 오히려 더 많은 이들이 안전하고 공정하게 즐길 수 있는 새로운 길을 열어 주는 장치로 인식해야 한다.

B-9
18조
B-8
17조
B-7
16조
B-6
15조

제2부

기초를 다지다

2부에서는 초보자도 쉽게 따라할 수 있도록

기본기 핵심을 차근차근 정리한다.

1) 파크골프

파크골프는 공 하나를 도구 삼아 몸과 마음, 사람을 잇는 레저스포츠다. 이처럼 단순해 보이지만, 채를 휘두르는 순간은 스윙은 샷의 시험

무대가 되고, 동반자와 함께 걷는 길은 교류의 무대가 된다.

누군가에게 파크골프는 건강을 지키는 생활 습관이 되고, 또 다른 이에게는 자신만의 행복을 찾아가는 작은 인생학교가 된다.

2) 골프를 친다는 의미

'골프를 친다'는 말은 플레이어가 공을 치고 정해진 코스를 따라 최종적으로 홀컵에 공을 넣는 과정을 뜻한다. 이렇게 코스 한 바퀴 도는 과정을 **라운드(Round)**라고 부른다.

"골프를 잘 친다"는 것은 단순히 공을 멀리 보내는 능력이 아니다. 안정된 스윙, 정확한 샷, 그리고 홀컵까지 적은 타수로 마무리하는 전략적 능력이 포함된다. 올바른 자세, 균형 잡힌 체중 이동, 리듬과 타이밍은 필수 요소다. 무엇보다 매 순간의 실수를 관리하고, 흔들리는 마음을 다스리는 태도가 골프의 본질이다.

3) 골퍼로서 기본적인 학습

① **기본기:** 모든 기술은 기본기에서 출발한다. 자세, 그립잡기, 스윙, 방향성, 힘 조절 등 실력을 키운다.

② **방향성과 거리감:** 초보자는 공을 멀리 치기보다 '어디로, 얼만큼이나 보내야 하는지를 익히는 데 집중해야 한다.

③ **스윙 궤도:** 스윙자세는 꾸준한 연습으로 자신만의 스윙 리듬과 궤도를 만들어 간다. 흔들림 없는 루틴이 곧 힘이다.

④ **방향 설정:** 공을 치기 전, 반드시 목표 라인을 정하는 작은 습관 하나가 실수를 막는다.

⑤ **지면 활용:** 공은 허공뿐만 아니라 지면 위에서도 달린다. '공이 굴러가는 원리와 마찰기술'을 익혀야 비로소 코스를 읽을 수 있다.

⑥ **힘 조절:** 채를 세게 치는 것보다 중요한 건 공을 정확히 맞추는 힘이다. 거리 감각은 스윙의 크기와 힘의 기억에서 나온다.

⑦ **집중력:** 골프는 한순간의 집중이 만든다. 의지력을 단련하는 것도 훈련의 일부다.

⑧ **규칙 준수:** 파크골프의 규칙을 익히고, 반드시 지킨다.

⑨ **체력 관리:** 기술만큼 중요한 건 체력 관리다. 매일 6,000보 이상 걷는 생활 습관으로 체력을 기른다.

4) 골프, '셋업'이 먼저다

파크골프가 겉보기에는 그저 공 하나 굴리는 놀이처럼 보이지만, 막상 공 앞에 서면 순서도 놓치고 샷도 내가 마음먹은 대로 안 된다. 악기를 연주하기 전, 먼저 튜닝을 하듯 파크골프도 '셋업'으로 자신의 감각과 리듬을 맞추는 과정이 필요하다.

많은 사람들이 스윙만을 연습하지만, 정작 **자신을 준비시키는 과정은** 소홀히 한다. 파크골프의 핵심은 마음과 기술을 함께 셋업하는 것이다. 그 준비의 자각이 있을 때, 스윙은 한결 부드럽게 흐른다. 셋업은 준비 동작뿐만이 아니라 공 앞에서 '나'를 다듬는 과정이며, **오늘의 나를 조율하는 시간**이다.

몸을 고르고, 마음을 정리하며, 순서를 세우는 일이 바로 셋업이다.

① 잔디의 결은 어떤가?

② 지형은 어디로 흐르고 있는가?

③ 오늘 내 몸의 상태는 어떤가?

④ 내 두발은 바르게 서 있는가?

⑤ 내 시선은 어디를 향하고 있는가?

⑥ 이번 샷은 어떤 마음으로, 어떤 그림으로 그리려는가?

5) 파크골프 라운드 코스

라운드는 티잉그라운드에서 시작해 페어웨이를 따라 공을 굴려가며, 그린 위의 작은 홀컵으로 향한다. 9홀 단위로 설계된 코스는 저마다 다른 풍경과 난이도를 품고 있다.

(1) **코스**(Course)

파크골프 경기가 진행되는 구역으로, 보통 9홀이 하나의 코스를 이루며, 티잉그라운드 → 페어웨이 → 그린 → 홀컵으로 이어진다.

(2) **티잉그라운드**(Teeing Ground)

각 홀의 출발 지점에는 녹색 매트가 설치되어 있다. 티 매트에는 공을 올려놓는 티가 있어서 티 위에 공을 올려 놓고 첫 샷을 한다. 작은 티 위에 올린 공은 첫 걸음마를 기다리는 아이처럼 설레고 긴장한다. 이때 첫 샷은 샷의 방향이 정해지는 순간이기도 하다.

(3) 페어웨이(Fairway)

티잉그라운드와 그린 사이의 잘 다듬어진 잔디 구역으로 공이 잘 구르도록 설계되었지만, 파크골프장은 폭이 좁아 조금만 빗나가도 공은 러프나 OB경계선 밖으로 달아난다.

(4) 그린(Green)

홀의 마지막 무대다. 홀컵이 자리한 구역으로, 섬세한 퍼팅 기술이 필요한 공간이다. 홀컵까지 몇 걸음 남지 않았지만, 오히려 섬세한 손끝과 차분한 호흡 없이는 홀컵에 도착할 수 없다.

(5) 러프(Rough)

페어웨이 양 옆 풀숲 구역으로 여백이자 함정이다. 공이 풀숲에 빠지면 방향잡기도 어렵고 자칫 타수가 늘어나는 변수가 생겨난다.

(6) 장애물(Hazards & Obstacles)

코스 중간 중간에는 벙커, 해저드, OB 구역, 수리지 등 다양한 장애물이 배치되어 있다. 장애물은 피하려 해도 만나게 되며, 플레이를 더욱 고 차원적으로 만드는 함정이다.

(7) 홀컵

공이 오는 길을 안내하는 홀컵에는 항상 깃발이 세워져 있다. 빨강,

파랑, 노랑, 흰색, 깃발은 멀리서도 또렷한 깃발색이 바람에 흔들리며 홀인의 목표점을 알려 준다.

라운드코스의 길은 하나 같지만, 공은 매번 다른 길을 택한다. 때로는 페어웨이를 곧장 달리기도 하고, 때로는 러프에 빠져 한숨을 짓게 하기도 한다. 그러나 벙커도, OB 말뚝도 결국은 내 실력을 시험하며 가르치려는 선생님들이란 생각을 하게 한다.

6) 골퍼들의 기본 정신

파크골프는 공을 쳐서 타수를 내고 성적으로 판가름하는 스포츠이

지만, 그 바탕은 언제나 규칙 준수와 절제된 태도에 있다. 경기자는 규칙을 준수하고 동반자를 존중하며, 서로의 즐거운 라운드를 위해 협력해야 한다.

(1) 경기 방해 금지

코스 중에는 불필요한 말과 자기 동선 외의 움직임을 삼간다. 경기 중인 선수에게 조언을 해서는 안 되며(단, 팀 경기 예외) 상대방의 감정을 해치는 언행을 삼간다.

(2) 그린 위 예절

동반자의 퍼팅라인을 밟지 않는다. 그림자나 움직임으로 동반자의 시야를 방해하지 않는다. 모든 사람이 홀아웃할 때까지 주변에서 조용히 기다린다.

(3) 스코어 기록

세컨샷부터는 샷을 할 때는 본인의 이름을 말하고 현재의 자기 타수를 불러 착오를 막는다. 스코어카드에 적은 타수는 반드시 상호 확인한 후 다음 홀로 이동한다.

(4) 용어 사용

골퍼라면 파크골프장에서 쓰이는 용어를 사용하고, 용어를 알아들을 수가 있어야 소통도 되고 동반자로써 호흡을 맞출 수 있으므로 기본적인 골프용어를 익히고 사용한다.

(5) 경기 속도

앞 조와의 간격을 유지한다. 샷 후에는 신속히 이동해 다음 준비를 한다. 지연이 발생할 경우 뒤 조에 양보할 수 있다.

(6) 파크골퍼의 경기 예절

파크골프는 클럽 하나와 공 하나로 시작할 수 있는 가장 단순한 스포츠지만 그 단순함 안에는 깊은 배려와 품격이 숨어 있다. 라운드를 잘 즐기는 사람일수록 매너와 마음가짐이 더 큰 힘이라는 걸 깨닫게 된다.

[4장] 라운드를 시작하다

1) 라운드 기본 개요

라운드란, 각 홀을 진행 순서대로 돌며 경기를 이어 가는 과정이다. 파크골프의 라운드는 복잡하지 않아서 몇 가지 기본 원칙만 익히면 누구나 자연스럽게 흐름에 녹아들 수 있다. 라운드는 단순히 공을 치는

데 그치지 않고, 리듬과 질서를 지키며 함께 즐기는 시간이다.

① 인원: 보통 3~4명이 한 조로 함께 라운드한다.

② 코스: 1코스는 9홀로 구성되며, 보통 18홀(2코스) 또는 27홀(3코스)로 운영된다.

③ 목표: 각 홀마다 최소 타수로 자신의 공을 홀컵에 넣으려고 시도한다.

④ 장비: 클럽 1개와 전용 공을 사용한다.

2) 라운드 진행 순서

코스 구조(Course Layout)는 티잉그라운드 - 페어웨이 - 그린 - 러프 - OB - 해저드 - 벙커 등으로 이루어진다. 코스마다 난이도가 다르다.

(1) 티샷(Tee Shot 첫 타)

첫 티잉그라운드에서의 첫 샷 순서는 동반자끼리 순서를 정하여 순서대로 샷을 시작한다. 다음 홀로 이동후에는 전 홀에서 성적이 좋은 사람부터 샷한다. 동일 타수일 경우 이전의 이전 순서를 따른다.

(2) 세컨샷(Second Shot)

세컨샷은 페어웨이에서 두 번째 치는 샷으로 순서는 경기 흐름과 안전을 위해 홀컵에서 '먼 곳에 있는 공 부터' 세컨샷을 한다.

(3) 퍼트샷(Putt Shot)

퍼트샷은 그린 위에서 홀컵에 공을 넣기 위해 굴리는 샷이다. 이때도 홀컵에서 먼곳에 있는 공부터 치기 시작한다. 퍼트샷은 그린의 흐름과 섬세한 거리 감각이 요구되며 경기의 최종 승부를 좌우한다.

(4) 홀 아웃(Hole-out)

공이 홀컵에 완전히 들어가야 한 홀의 경기가 끝난다. 모든 플레이어가 홀 아웃할 때까지 지켜보다가 모두 홀 아웃한 뒤, 다음 홀로 이동한다.

3) 파크골프 기본 장비

도구 삼총사가 모였다.

파크골프의 장비는 공. 티, 클럽(채), 볼 마커, 이처럼 단출하다. 공은 작지만 한 사람의 집중력을 시험하고, 채는 가벼워 보이지만 그 안에 몸의 균형과 마음의 무게가 담겨야 하기 때문에 넓은 의미에서는 몸과 마음까지 모두가 장비가 되는 셈이다.

4) 코스 기본 시설물

처음 코스에 들어서면 각종 시설물과 용어가 낯설게 느껴진다. 하지만 몇 번만 라운드를 하다 보면 시설물들이 눈에 익혀지고, 코스의 구조를 이해하는 순간, 경기의 흐름이 훨씬 부드러워진다.

① 홀 표지판(Hole Sign): 각 홀 티잉그라운드 옆에는 홀 표지판에 몇 번 홀인지, 기준 타수(Par)와 홀컵까지의 거리를 알려 주는 안내판이 설치되어 있다.

② 홀(Hole): 각 홀마다 공을 최종적으로 넣는 컵이 땅속에 묻혀 있다.

③ 핀(Pin): 홀컵 중심에 세워진 깃대. 멀리서도 목표를 확인할 수 있도록 돕는다.

④ 도그레그 홀(Dog Leg): 코스가 직선으로 이어지지 않고, 중간에 왼쪽 또는 오른쪽으로 꺾여있는 페어웨이 상태로 이는 개 다리처럼 꺾여진 모양이라 해서 "Dogleg Hole"홀로 불린다. 꺾이는 경계점에는 빨간색 말뚝으로 경계를 표시한다.

⑤ OB 말뚝(Out of Bounds Stake): 홀과 홀의 경계지점에 흰색 말뚝들이 박혀있으며, 말뚝과 말뚝을 줄로 연결한 경계선 밖은 OB 구역이다.

⑥ **안전망(Safety Net)** : 사고를 막기 위한 안전장치로 다른 홀과의 경계를 구분하고 그물망을 높게 설치해 두었다.

5) 코스 내 장애물

가끔은 공도 숨바꼭질하잔다.

코스내 장애물에는 움직일 수 있는 장애물과 움직일 수 없는 장애물이 있다.

① **움직일 수 있는 장애물**: 돌, 낙엽, 벌레, 잔디 더미처럼 간단히 치울 수 있는 것들. 동반자의 동의 하에 치우고 플레이 가능하다.
② **움직일 수 없는 장애물**: 나무 지지대, 안전망, 배수구 뚜껑, OB 말뚝처럼 코스에 고정된 시설물. 옮길 수 없으므로 그대로 두고 플레이한다.
③ **벙커(Bunker)**: 코스 중간에 모래가 깔려 있는 움푹 파인 구역이다. 공을 빼내기가 쉽지 않아 샷의 난이도를 높인다.
④ **해저드(Hazard)**: 연못, 개울, 물 웅덩이 등 물과 관련된 장애물이 있는 곳이다. 물이 공을 집어 삼키듯 라운드의 긴장감을 만든다.

⑤ **캐주얼 워터(Casual Water)**: 비로 인해 생긴 일시적인 물웅덩이. 동반자의 확인 후 무벌타 구제 가능하다.
⑥ **수리지(Ground Under Repair)**: 잔디를 새로 입히거나 정비 중인 구역으로 청색 띠로 표시되며 무벌타 구제된다.
⑦ **OB 구역(Out of Bounds)**: 경기 구역 바깥, 흰색 말뚝과 말뚝을 줄로이어서 표시. 라인을 완전히 넘어가면 2벌타.(줄에 걸리면 OB 아님)
⑧ **언플레이어블(Unplayable)**: 공이 플레이 불가능한 위치에 있을 경우, 스스로 '언플레이'를 선언한다. 단, 2벌타를 받고 구제된다.

라운드 중에는 장애물은 피하려 해도 꼭 나타난다. 벙커는 내 공을 유혹하듯 기다리고, 해저드는 공을 물속으로 담가 놓는다. 벙커에 빠져 허둥대고, 해저드에 공이 목욕을 해도 괜찮다. 그런 장애물을 만날 때마다 우리는 조금 더 단단해지고. 장애물이 있어야 코스가 스릴감 있고 재미도 있다.

6) 골프 스윙 용어

스윙 용어들을 처음 접하면 낯설고 복잡해 보인다. 골프 용어들을 자세히 보면 몸이 쓰는 움직임을 그대로 언어로 표현한 부분이 많으므로 몸의 언어와 연결하면 쉽게 다가온다.

(1) 스윙 준비 및 기본 동작 용어

① **어드레스(Address)**: 공 앞에서 자세를 잡고 클럽을 지면에 대는 준비 동작
② **백스윙(Back swing)**: 클럽을 위로 들어 올려 에너지를 모으는 동작
③ **코킹(Cocking)**: 백스윙 시 손목을 꺾는 동작
④ **다운스윙(Downswing)**: 탑에서 공을 향해 클럽을 내리치는 동작
⑤ **임팩트(Impact)**: 클럽헤드가 공을 맞히는 순간
⑥ **팔로우스루(Follow through)**: 임팩트 후에도 스윙을 이어 가는 동작
⑦ **피니시(Finish)**: 스윙이 끝난 뒤 정지된 자세
⑧ **하프스윙(Half swing)**: 전체의 절반만 하는 스윙

(2) 샷의 용어 종류

① **스트로크(Stroke)**: 공을 움직일 의도를 가지고 클럽으로 타격하는 행위
② **티샷(Tee Shot)**: 골프의 꽃, 라운드의 시작을 여는 샷
③ **세컨샷(Second Shot)**: 티샷 이후의 두 번째 샷
④ **어프로치샷(Approach Shot)**: 홀컵 근처까지 붙이는 기술
⑤ **퍼팅(Putting)**: 그린 위에서 공을 홀컵에 넣는 마지막 샷
⑥ **로브샷(Lob shot)**: 공을 높이 띄워 치는 샷
⑦ **러프샷(Rough shot)**: 러프에서 공을 끌어내는 샷
⑧ **펀치샷(Punch shot)**: 짧고 강하게 내리찍듯 치는 샷

(3) 스윙 시 실수/에러 동작 용어

① **헤드업(Head up)**: 임팩트 전에 머리를 드는 행동 실수
② **스웨이(Sway)**: 몸의 중심을 좌우로 불필요하게 흔드는 동작
③ **훅(Hook)**: 공이 왼쪽으로 급격히 휘어지는 현상

(4) 경기 진행 관련 용어

① **컵 인(Cup in)**: 공이 홀컵에 들어가는 순간

② **홀 아웃(Hole out)**: 한 홀을 마무리하는 행위

③ **라이(Lie)**: 공이 놓인 상태

④ **라인(Line)**: 퍼팅 시 공이 지나가야 할 가상의 경로

[5장] 경기진행

1) 대회 진행 개요

파크골프 대회는 파크골퍼들의 기량을 검증하고, 스포츠맨십과 협동심을 기르는 장이다. 참가자들은 경기 규칙과 질서를 존중하며, 공정한 경쟁 속에서 자신의 실력을 발휘한다.

대회는 단순히 점수를 겨루는 자리가 아니라, **'함께 어울리는 법'**을 배우는 과정이다. 경기 중에는 질서와 에티켓을 지키고, 동반자의 플레이를 존중하며 진행한다.

공식 대회에서는 일반적으로 4인을 1조 편성으로 진행되며, 정해진 코스 순서에 따라 **티샷 → 세컨샷 → 퍼트샷**으로 이어진다. 홀아웃 후에는 스코어를 정확히 기록하고, 심판과 조원 전원이 타수를 확인해야 한다.

대회 운영의 기본은 **질서·공정·협력**이다. 모두가 같은 규칙 아래서 즐겁게 경쟁하고, 끝나고는 웃으며 악수할 수 있는 그것이 파크골프 대회의 진정한 가치다.

(1) 개인 경기 방식

① 스트로크 플레이(Stroke Play)

전체 라운드의 타수를 합산하여 총 타수가 가장 적은 사람을 승자로 결정하는 방식이다.

② 매치 플레이(Match Play)

매 홀마다 승부를 겨루어, 더 많은 홀을 이긴 사람이 최종 승자가 된다. 각 홀마다 긴장과 드라마가 펼쳐진다.

③ 샷건 방식(Shot Gun)

모든 조가 코스장 전체에 흩어져 있다가 시작 신호와 함께 동시에 시작한다. 많은 인원이 참여하는 대회에서 시간을 절약할 수 있는 방식이다.

(2) 팀 경기 운영

① 포볼(Four Ball)

4명이 2:2로 팀을 나눈다. 2명이 한 팀을 이루어, 각자 자기 공으로 플레이하고, 그 중 더 좋은 스코어를 팀의 점수로 채택하는 경기 방식이다. 개인의 기량과 팀워크가 동시에 시험된다.

② 포섬(Four Some)

역시 2:2 팀전이지만, 이번엔 팀당 **공 하나**만 사용하여. 두 선수가 번갈아 치며 경기를 이어 가는 팀경기로 팀끼리 호흡이 맞아야 좋은 성적을 낼 수 있다. 동반자의 실수가 곧 나의 실수로 이어진다.

③ 베스트볼(Best Ball)

역시 2:2 팀전이지만, 티샷은 자기 공으로 각자 티샷을 한다. 세컨샷부터는 자기 팀 중 **가장 좋은 공**을 선택하여 세컨샷을 하고, 이후에는 포섬 방식으로 진행한다. 전략과 협동이 돋보이는 경기다.

(3) 로컬룰(Local Rule)

때로는 구장의 특수 조건이나 안전상의 이유로, 본 규칙 외에 임시로 규칙이 적용되기도 한다. 구장의 사정에 맞춘 약속을 '로컬룰'이라 부른다. 반드시 경기 시작 전 안내되며, 그날의 경기 질서를 지켜 주는 작은 장치다.

(4) 순위 결정 방식

경기가 끝났을 때, 선수들이 동타(같은 타수)를 기록하는 경우는 흔하다. 이때는 미리 정해진 방식으로 동타를 처리한다.

① 서든데스(Sudden Death)

미리 지정된 홀에서 연장전을 치르며, 승부가 갈릴 때까지 이어지기도 하나 대부분 대회 시작 전 몇 번 홀에서 치러진다고 미리 발표한다. 가장 긴장감 넘치는 방식이다.

② 니어핀(Near Pin)

대회본부가 지정한 홀에서 진행하며, 주로 파3홀에서, 홀컵에 더 가깝게 티샷을 붙인 사람이 승자가 된다.

③ 백카운트(Back Count)

동타일 경우 스코어카드를 비교하여 역으로 추적하여 저타수로 결정한다.

- 18홀인 경우: 1) B코스 총타수 → 2) 동타일 경우 B-9번 홀부터 역순으로 비교
- 36홀인 경우: D → C → B → A코스 순 비교. 필요 시 D-9번 홀부터 역순 비교후 저타수로 결정한다.

(5) 경기 마지막 의식(스코어카드에 서명)

경기 종료 후 모든 선수는 서로의 스코어 점수를 확인하고 **각자 서명**한 후, 그 카드가 대회본부에 제출되어야만 기록으로 인정됨으로 그날의 라운드가 완성된다.

2) 규칙과 벌타

규칙은 제약이 아니라, 모두가 같은 조건에서 공정하게 즐기기 위한 약속이다.

라운드에서 꼭 기억해야 할 것들은 골프장에서의 작은 행동 하나가 경기 전체의 흐름을 바꾸기도 하고, 때로는 벌타로 이어진다. 골프의 품격은 점수가 아니라, 정직함과 약속을 지키는 태도에 달려 있다. 규칙을 무시하거나, 벌타를 빼고 합의해 버리고, 스코어카드에 실제보다 적게 적으면 실격, 가장 무거운 판정이 나온다.

(1) 티업하기 전 (제1조 위반)

가. 경기 당일 코스내에서 연습 스트로크를 하는 경우 — 실격

나. 경기중에 동반지에게 조언하는 경우 — 에티켓 위반

다. 경기 시작후 도착한 경우 — 실격

(2) 샷 동작 (제2조 위반)

가. 샷을 하였으나 헛 스윙이 된 경우 — 무벌타

나. 클럽의 샤프트. 그립 끝으로 공을 친 경우 — 2벌타

다. 백스윙 없이 밀어내기, 퍼올리기, 당기기 행위 — 2벌타

라. 클럽에 공이 2회이상 연속하여 접촉하는 경우 — 2벌타

(3) 티잉 그라운드 (제3조 위반)

가. 티잉그라운드에서 발이 일부분이라도 벗어나서 티 샷을 한 경우 — 2벌타

나. 연습 스윙시 클럽헤드에 있던 공이 맞아 티에서 떨어진 경우 — 1타 가산

다. 티잉 그라운드 이외의 위치에서 공을 놓고 티 샷을 한 경우 — 2벌타

라. 티 샷시 클럽헤드에 맞거나 바람 영향으로 공이 티에서 떨어진 경우 — 1타 가산

마. 티 위에 공을 놓지 않고서 티 샷을 한 경우 — 2벌타

바. 방향을 정하는 표시물을 목표 방향쪽에 놓고 티 샷을 한 경우 — 2벌타

사. 티 샷을 한 공이 티잉 그라운드를 벗어나 후면에 정지한 경우 — 2벌타

(4) 그린에서 (제15조 위반)

가. 퍼팅 라이를 개선하기 위하여 잔디 등을 클럽으로 고르는 경우 ㅡ 2벌타
나. 홀컵에서 2클럽 이상의 거리에 있는 자신의 공을 임의로 마크한 경우 ㅡ 2벌타
다. 홀컵에 가까이 있는 공을 컵인을 하지 않고 집어 올린 경우 ㅡ 2벌타
라. 깃대를 뽑고 퍼팅을 한 경우 ㅡ 2벌타
마. 공이 홀컵 주변에 걸쳐있어 10초를 초과하여 기다린 경우 ㅡ 매너위반

(5) 홀을 잘못 진입한 경우 (제20조 위반)

가. 다른 홀로 진입하여 티잉 그라운드에서 동반자중 1명 이상이 티 샷을 하였을 경우, 조원 모두는 그 홀을 홀아웃하고 원래 순서의 홀로 돌아가서 경기를 하여야 한다. ㅡ 그 홀 성적은 두효 + 2벌타

(6) 공에 대한 규칙과 벌타

골프에서 모든 이야기는 공으로 시작해, 공으로 끝난다. 공 하나가 잔디 위에서 구르고 서 있는 모습은 자연스럽게 보이지만, 수많은 규칙과 약속이 숨어 있다. 규칙을 지키는 태도가 곧 골퍼의 품격이다.

① 정지된 공, "**공 주변은 가만히 두라**"

가. 정지된 공 주변의 잔디나 모래 등을 클럽 헤드등으로 고르거나 플레이 조건을 개선하는 경우 → **2벌타**
나. 공 주변에 있는 움직일 수 없는장애물을 이동하는 경우 → **2벌타**

② 움직이는 공, **"흐름을 방해하지 말라"**

가. 경기자의 움직이는 공을 다른 플레이어가 친 공으로 맞혀 충돌시킨 경우 ㅡ 다른 플레이어에게 → **2벌타**

나. 플레이한 공이 장애물을 맞고 자신(플레이어)이나 장비에 맞은 경우 → **2벌타**

다. 경사면에서 구르는 자신의 공을 고의로 발이나 클럽으로 막으면 → **2벌타**

라. 동반자의 공과 충돌하여 자신의 공이 움직였음에도, 해당 공을 원래 위치에 리플레이스하지 않고 플레이한 경우 → **2벌타**

③ 공 교체, **"공 하나로 끝까지 이어가자"**

가. **규칙상 허용되지 않은 상황**에서 **공을 임의로 교체**하는 경우 → **2벌타**

다만, 공이 **금이 가거나 갈라지는 등 사용할 수 없게 된 경우**, 동반자에게 **알린 후 교체하면 무벌타**이다.

④ 뒤바뀐 공, **"착각도 내 책임이다"**

가. **티잉 구역 밖**에서 **자신의 공이 아닌 공(오구)**을 플레이한 경우 → **2벌타**

(티샷 관련 벌타 면제): 라운드 시작 전, **티잉 구역**에서 다른 플레이어의 공을 **첫 샷으로 플레이**한 경우에는 벌타가 없다. (준비 과정으로 간주)

⑤ 분실구, **"찾을 수 없으면 인정하라"**

가. 경기 도중 공을 3분 이상 찾지 못해 분실구가 발생한 경우 → **2벌타**

나. 공 분실로 인해 경기 지연이 발생하여 앞 조와의 간격이 현저히 벌어진 경우 → **2벌타**

⑥ OB 공 처치, **"경계는 넘지 않아야 한다"**

가. OB가 발생한 공을 OB 처리하지 않고 그대로 플레이한 후 다음 홀로 이동한 경우 → **2벌타**

나. OB가 발생한 공을 OB 경계를 벗어난 지점에서 다시 놓고 플레이한 경우 → **2벌타**

다. OB가 발생한 공을 홀컵 기준 2클럽 이상 가깝게 놓고 샷한 경우 → **2벌타**

라. OB 여부를 본인이 임의로 판단하여 플레이하는 행위는 금지된다. OB 판정은 **반드시 동반자 또는 심판의 확인**을 받아야 한다.

(7) 마크에 대하여(9조 규정 요약)

마크는 동반자 공이 무사히 지나가시라는 배려의 표시다.

공이 있던 자리를 표시하는 작은 동그라미는 공의 자리를 잠시 비워두는 표시이지, 공을 마음대로 옮겨 놓는 수단이 아니다.

그린 위에서 작은 동그라미 모양의 마커를 꺼내어 공 뒤에 살짝 놓는 이 과정에는 의외로 많은 규칙이 숨어 있다. 이 마크는 골퍼들도 무심코 실수하기 쉬운 장면들이 있다.

마크 규칙

① 마크 없이 임의로 공을 집어 올림 → 2벌타
② 공을 먼저 집어 올리고 나중에 마크 → 2벌타
③ 마크 후 볼 마커를 치우고 공을 놓음 → 2벌타
④ 마크 위치를 홀컵 쪽·또는 옆으로 표시 → 2벌타
⑤ 장애물 피하려고 공을 좌·우 이동 → 2벌타
⑥ 볼 마커를 옮겨 놓고 원위치하지 않음 → 2벌타
⑦ 마크 도중 공을 건드림 → 무벌타
⑧ 티샷 전 동반자 공에 대해 마크 요구 → 불가
⑨ 20m 이상 떨어진 공에 대해 마크 요구 → 불가
⑩ 마크 요구에 불응 → 매너 위반
⑪ 필요 시 다른 동반자가 대신 마크 가능 → 무벌타

누군가 마크를 요청했는데도 불응한다면? 이건 벌타가 아니라 **매너 위반**으로 남는다. 마크는 규칙이자, 서로의 플레이를 존중하는 **매너의 약속**인 셈이다.

3) 타수(Core Score)에 대하여

파크골프에서 타수표시는 공을 몇 번 쳤는가를 기록한 숫자에 불과

하지만 그 카드 숫자속에는 그동안의 연습, 배움, 그리고 오늘의 실력이 고스란히 담겨 있다. 스코어카드에 적힌 숫자는 오늘 나를 비추인 거울이 될 수 있으며. 그 숫자를 통해 내가 어디쯤 와 있는지 확인하고, 앞으로의 목표를 새롭게 세울 수 있다.

라운드를 돌다 보면 동반자의 타수와 비교되면서 부터 긴장과 경쟁심이 생겨 나게 되는데 이런 순간들이 골프의 묘미이자 어려움이다. 잘하려는 마음이 지나치면 오히려 샷이 흔들리고, 상대가 잘 칠수록 내 불안은 더 커진다. 욕심이 커질수록 내 플레이는 예상과 멀어지게 되고, 때로는 동반자와의 눈치 싸움으로까지 번진다.

흔히 골프를 '멘탈 게임'이라 부른다. '흔들림 속에서도 차분히 호흡을 고르고 집중력을 되찾을 수 있는가?'가 가장 강력한 무기다.

타수는 라운드의 결과일 뿐만 아니라, 마음을 다스린 성적표이기도 하다.

1) 사인하고

2) 집계하고

3) 발표하고

4) 수여한다

(1) 타수 용어 정리

골프에는 타수를 부르는 또다른 특별한 이름들이 있다.

라운드 중 스코어를 세는 이름과 숫자들을 매홀마다 다르며 보통 한 홀에 공을 몇 번을 쳐서 홀컵에 넣는가를 뜻하며 각각의 홀에서의 기준 타수에 도달하면 **파(Par)**했다고 한다. 예를 들어 파 4 홀에서 네 번 만에 홀인하면 "파 했다"고 한다.

이런 명칭은 각 홀의 난이도에 따른 성과를 가늠하는 방식으로 플레이어는 그 기준보다 **몇 타를 덜 쳤는가, 혹은 더 쳤는가**에 따라 다음과 같은 이름으로 결과를 부른다.

타수에 대한 용어

① **홀인원**: 한 홀에서 티샷으로 한 번 만에 홀컵에 들어간 상태

② **알바트로스(Albatross)**: 정해진 홀에서 기준 타수 파보다 **3타** 적게 친 경우

③ **이글(Eagle)**: 정해진 홀에서 기준 타수 파보다 **2타** 적게 홀인한 경우

④ **버디(Birdie)**: 정해진 홀에서 기준 타수 파보다 **1타** 적게 홀인한 경우

⑤ **파(Par)**: 정해진 홀에서의 기준 타수로 들어간 상태

---

⑥ **보기(Bogey)**: 정해진 홀에서 기준 타수 파보다 **1타 많게** 홀인한 경우
⑦ **더블 보기(Double Bogey)**: 정해진 홀에서 기준 타수 파보다 **2타 많게** 홀인한 경우

(2) 자기 타수 세기

라운드를 하다 보면, 가끔은 자기 점수가 드러나는 것을 꺼리는 사람이 있어 공식적으로 스코어카드를 적지 않는 경우가 있다. 이럴 때 스코어카드에 직접 적지 않고도, 조용히 자기만의 방식으로 타수를 기억하는 방법이다.

이 방법은 의외로 단순하다. 먼저 모든 홀을 **파3**이라고 가정해 놓는다. 이렇게 기준을 3으로 맞춰 두면 계산이 훨씬 쉬워진다. 매 홀에서 친 타수를 3타와 비교해 3타 보다 많이 쳤으면 플러스(+), 3타 보다 적게 쳤으면 마이너스(-)만 기억한다.

예를 들어, 어떤 홀에서 2타 만에 성공했다면 **-1**로 기억한다. 다음 홀에서 3타를 했다면 제로 0, 하지만 전 홀에서의 -1을 이어서 여전히 **-1로 기억한**다. 그 다음 홀에서 4타를 쳤다면 3타 보다 1타를 더 쳤으므로 +1로, 즉 이전 -1에 +1을 더해 **0**이 된다. 5타라면 +2, 즉 그만큼 점수가 불어난다.

이렇게 9홀을 마쳤을 때 최종 합계를 확인하면 된다. 9홀에서 x3타씩 = 27타가 기본이다. 죽이어 온 타수가 +2점이라면 기준점 27타에서 +2를 더해 총 **29타**가 되는 것이다.

이 계산 방식은 단순하지만 누군가와 비교하거나, 스코어카드에 드러내지 않아도, 자기만의 조용히 탓수세는 방법으로 자기 타수를 관리하기에 유용하다.

4) 파크골프의 평가 방식

파크골프의 경기 방식은 공정과 질서를 위한 약속이며, 그 안에서 우리는 평가를 통해 각자의 이야기를 만들어 간다. 경기든 시험이든 누군가의 실력을 가려내기 위한 장치가 '평가 방식'이다. 파크골프에서는 크게 두 가지 평가 방식으로. 상대평가와 절대평가를 사용한다.

(1) 상대평가: 남과의 비교 속에서 경쟁

상대평가는 말 그대로 남과 비교해 누가 더 많고 적음으로 줄을 세우는 방식이다. 순위를 매기고, 가장 적은 타수를 기록한 사람이 승자가 된다.

예를 들어, 네 명이 한 조로 라운드를 돌았다고 하자. 모두가 같은 코스를 같은 조건에서 플레이했으니, 각자 기록한 타수를 합산해 가장 적은 타수 순으로 1등, 2등, 3등을 정한다. 내기를 걸었다면 꼴찌는 작은 벌칙이나 계산을 맡게 된다.

이 방식은 시험에서 성적을 상대와 비교하여 순위로 정하는 것과 같다. 성적이 좋은 사람이 상위권에 오르고, 성적순으로 차등하여 순위가 결정된다. 상대평가는 라운드 내내 긴장감이 흐르고, 때로는 드라마틱한 역전승이 나오기도 하는 이 경쟁의 맛이 상대평가의 묘미 중 하나일 게다.

(2) 절대평가: 나 자신과의 경쟁

절대평가는 남과의 비교를 하는 대신 스스로의 기준에 집중하는 방식이다. 다른 사람의 점수는 전혀 중요하지 않고, 오직 자기가 세운 목표를 달성했는지가 핵심이다.

예를 들어, 9홀을 합산해 30타 이내로 치겠다는 목표를 세웠다고 하자. 만약 31타가 나오면 목표보다 1타를 초과한 것이고, 그만큼 벌칙이나 작은 페널티를 받는다. 반대로 28타를 기록했다면 자신과의 약속을 달성했기에 기분 좋은 성취감을 맛보게 된다.

이 방식은 골프라는 경기의 본질인 **자기 관리와 꾸준한 성장**을 잘 보여 준다. 오늘은 33타였지만 내일은 31타, 다음에는 29타…. 이렇게 발전 과정을 직접 확인할 수 있기 때문이다. 특히 초보자에게는 남과 비교하는 상대평가보다, 이런 절대평가가 성취감을 얻고 꾸준한 동기부여를 만들어 준다.

상대평가는 순간의 경쟁을 뜨겁게 만들고, 절대평가는 꾸준한 성장을 가능하게 한다. 만약 파크골프가 오직 상대평가만 존재한다면, 성적이 나쁘게 나온 날은 의욕이 꺾일 수도 있고, 반대로 절대평가만 있다면 경기의 긴장감과 재미가 줄어들 수 있다.

[6장] 공과 샷의 비밀

※ 일반 골프에서는 공을 '볼(ball)'이라 부르지만, 파크골프에서는 '볼'과 '공'을 함께 쓴다. 이 책에서는 보다 친근한 느낌을 살려 '공'이라는 표현을 사용한다.

1) 공의 기본적 특성

(1) 무게

파크골프 공은 지름 약 6cm, 무게 약 80~95g으로 규정되어 있다. 일반 골프공(약 45g)보다 크고 무겁기 때문에, 스윙할 때 더 안정적으로 맞지만 그만큼 멀리 날리기는 어렵다. 따라서 힘으로 밀어 붙이기 보다는 **정확한 임팩트와 방향성**이 중요하다.

(2) 반발력(탄성)

파크골프 공은 플라스틱 합성수지 재질로 만들어져 반발력이 비교적 크다. 강하게 치면 튀어 오르거나 예측과 다른 방향으로 구를 수 있다.

(3) 구름과 마찰

파크골프 공은 날아간다기 보다 **굴러가는 거리**, 즉 런(run)이 길다. 잔디의 길이, 습기, 경사도에 따라 공의 굴러가는 속도나 거리는 달라진다. 다양한 환경에서 공이 **최종 멈춤 지점을 예측하고 갖다 붙이는 능력**이 곧 경기력이다.

(4) 스핀(회전)

일반 골프 공처럼 높은 탄도로 백스핀이 크게 먹는 것은 아니지만, 임팩트 순간 클럽페이스 각도와 잔디 조건에 따라 사이드 스핀이 생긴다. 스윙 시 페이스의 각도와 임팩트 지점을 일정하게 유지하는 것이 핵심이다.

(5) 팁

공의 무게와 반발 특성을 이해하고, 정확한 타격에 집중하라. 잔디 상태와 날씨에 따라 공 구름이 달라지므로, 라운드 전 연습 퍼팅으로 거리 감각을 맞추는 습관을 들여라.

2) 공의 반응원리

공이 빗맞았을 때 어떻게 구르는지 눈여겨본 적이 있는가? 공은 맞는 위치에 따라 회전, 방향, 속도가 모두 달라진다. 공을 맞히는 방법을 여러 가지로 연습하면 공의 특성을 이해하고 자기만의 '공 굴림 전략'을 세울 수 있다.

공은 **정타(정중앙)를 맞히면** → 힘있게 직진한다.
공을 **살짝 굴리면** → 부드럽고 얌전하게 전진한다.
공은 굴러가는 **힘이 약하면** → 지형대로 경사대로 흘러 간다.
공을 **위쪽(상층부)을 밀면** → 떼굴떼굴 안정적으로 굴러간다.
공은 **헤드를 엎어서 밀면** → 직진성이 좋다.
공은 **밑둥을 강하게 쳐 올리면** → 높게 날아간다.

3) 공은 거짓말을 하지 않는다

초보자는 잘 들어간 공만 기억하며 즐거워하고,
선수는 잘 안 들어간 공을 기억하며 연습을 한다.

사람들은 '골프'라 하면 멋진 스윙을 먼저 떠올린다. 하늘을 가르며 시원하게 날아가는 공, 그 짜릿한 순간은 보는 이의 가슴까지 후련하게 만든다. 이렇게 멋진 스윙과 힘찬 샷도 결국은 공을 원하는 자리로 정확히 보내기 위한 과정이다.

공은 내가 보낸 힘과 각도, 그리고 마음의 방향 그대로 반응한다. 자세가 흔들리면 공도 흔들리고, 내가 긴장하면 공도 머뭇거린다. 반대로 내가 담담하면 공도 차분히 제 길을 간다.

공은 거짓말을 하지 않고, 샷을 하는 순간도 공은 내가 연습한 대로 움직이고, 마음을 다스린 만큼 반응한다.

4) 공은 요구한다

① 공은 나에게 고개를 숙이고 공만 바라보라고 한다.
② 공은 나에게 두 손으로 공손히 보내 달라고 한다.
③ 공은 내가 짜증 내면 짜증낸 만큼 튕겨 나간다.
④ 공은 내가 급하게 치면 공도 따라 급해진다.
⑤ 공은 내가 욕심으로 치면 비웃으며 엇나간다.
⑥ 공은 내 마음이 들뜨면 공도 따라 들떠서 OB 선을 넘어간다.
⑦ 공은 나에게 담담하고 신중하라는 권고장을 수시로 준다.

5) 골퍼들의 등급

초보자는 공을 때려서 보낸다.
선수는 공을 잘 쳐서 보낸다.
고수는 공에게 정성을 들여서 보낸다.
프로는 공을 잘 달래면서 보낸다.

6) 빗나간 퍼팅

퍼팅은 참 묘하다. 단순하고 쉬워 보이지만, 막상 필드에 서면 마음처럼 되지 않는 것이 퍼팅이다. 특히 홀컵 앞에서 공이 살짝 빗나가는 순간, 그 사람의 성격과 심리가 고스란히 드러난다. 공이 들어갔느냐,

빗나갔느냐보다 더 중요한 것은 그 순간을 어떻게 받아들이고 표현하느냐이다.

같은 상황에서도 골퍼들의 반응은 천차만별이다. 누군가는 웃어넘기고, 누군가는 한숨을 내쉬며, 또 다른 누군가는 공과 눈을 맞추며 무언의 대화를 나눈다. 그 짧은 장면에서 "사람은 다 다르구나"를 보여주는 무대다.

퍼팅 실패의 순간! 그 반응에는 각자의 **성격, 감정 조절 능력**, 그리고 **스트레스 대처 방식까지 고스란히** 담겨 있다. 빗나간 퍼팅을 통해서 우리는 서로를 이해할 수 있는 기회를 엿보게 된다.

홀컵을 빗나간 공을 대하는 태도를 통해 삶을 대하는 각자의 방식이 고스란히 묻어 있다.

반응도 가지가지

① **분노형**: "에이~ 씨!" 하며 휭 하고 뒤돌아선다.
② **자책형**: "에라이, 바보야!" 하며 자신의 머리를 툭 친다.
③ **경악형**: "어머! 공이 미쳤나 봐." 두 눈이 동그래진다.
④ **황당형**: "어머, 뭐야? 기가 막혀!" 하며 손사래를 친다.
⑤ **호들갑형**: "어어~ 어쩌라구? 또 안 들어가네!" 허리를 숙이며 웃는다.
⑥ **운세 탓형**: "아니, 오늘따라 왜 이렇게 안 되지?" 하며 하늘을 올려다본다.
⑦ **한심형**: "거 봐, 안 들어갈 줄 알았다." 피식 웃는다.
⑧ **달래는 형**: "들어가면 꺼내 줄 텐데, 왜 안 들어가니? 걱정하지 마. 꺼내 줄 거야." 하며 공을 달랜다.
⑨ **화풀이형**: 무표정하게 골프채로 바닥을 '탁탁, 툭툭' 친다.

공이 멈춘 자리에는 언제나, 나의 성격과 마음 결이 함께 놓여 있다.

7) 마지막까지 최선을 다해라

파크골프는 마지막 한 타! 공이 홀컵 안으로 사라지는 그 순간까지 여전히 나의 집중력을 시험한다. 홀과 남은 거리는 불과 1m. 누가 봐도 한 번에 넣을 수 있을 것 같다. 하지만 의외로 우리는 이 짧은 거리에서 자주 실수를 한다. 너무 쉽게 생각하거나, 이미 끝났다고 느끼기 때문에 마음이 해이해진다. 마음이 풀리면, 손끝이 흔들리고, 시선이 흐트러져 아쉬운 한 타를 놓친다. 경험 많은 파크골퍼일수록 마지막 퍼트를 아주 진지하게 바라본다. 한 타를 끝까지 집중할 줄 아는 자가 최후의 성취감을 맛본다.

비에 젖는 내 옷보다 공이 젖는 것이 더 안타깝다!

1) 라운드 숙제

우리가 라운드에 나설 때마다, 파크골프는 우리에게 **적지 않은 숙제**를 던져준다. 적절한 도구의 활용법, 몸과 도구의 조화, 그리고 동반자와 교류까지, 이 모든 것을 동시에 신경 써야 하는 **복합적이고 미묘한 과제**다.

우리는 모범생처럼 그 복잡한 숙제를 잘 풀어내기 위해 매 샷마다 집중하고, 성실하게 임한다. 잘 풀어낸 숙제의 보상은 흡족한 타수와 내가 나를 믿고 이겨 낸 기분을 맛보고, 멋진 샷은 스스로에 대한 자부심 생긴다.

2) 나는 지금 어디쯤 와 있는가

길을 가다 길을 잃으면 우리는 지도를 펼친다. 파크골프도 마찬가지다. 내가 지금 어느 단계에 와 있는가를 아는 것은, 앞으로 어디로 가야 할지 방향을 잡는 첫걸음이다.

파크골프에는 공식적인 실력 등급이 없다. 우리는 전국대회나 지방대회에서 우승한 선수들의 타수를 보며 자신의 타수와 비교한다. “아직 멀었구나.” 혹은 “나도 꽤 괜찮은데?” 하며 자신의 위치를 가늠해 본다.

실력을 키우고자 하는 사람들은 책을 읽고, 유튜브를 보고, 레슨을 받으며 새로운 기술을 익힌다. 그러나 무엇보다 좋은 스승은 **실전**이다. 대회 현장에서 느끼는 긴장감, 직접 부딪히며 배우는 멘탈의 요령, 그리고 고수들의 한마디 조언은 책이나 영상으로는 얻을 수 없는 값진 배움이 된다.

무엇보다 중요한 것은, 늘 스스로에게 물어보는 일이다.

“나는 지금 어디쯤 와 있는가?”

내가 초보인지, 중급자인지, 혹은 이제 고수의 문턱을 두드리고 있는지. 그 위치를 정확히 아는 순간, 다음 목표와 방향이 한층 선명해진다.

3) 성장 단계

(1) 초보 시절, **"첫걸음과 설렘"**

입문 초기에는 각 지자체에서 지원된 강사들이 기본기를 친절히 지도한다. 골프 경험이 있는 사람들은 빠르게 적응하지만, 골프경험이 전혀 없는 초보자들은 규칙과 스윙이 낯설고 어렵게 느껴진다. 그러나 교육과 반복 연습 덕분에 조금씩 익숙해지고, 교육이 끝날 즈음에는 라운드가 즐겁고 자신감도 생긴다.

"용기는 두려움을 설렘으로 바꿔 준다."

(2) 하수 시절, **"몸으로 배우는 시간"**

교육을 마치고 필드에 나서면 기존 회원들과 동반 라운드를 한다. 신입이라며 함께 치기를 꺼리는 경우도 있지만, 이 시기에는 기본 규칙과 기술을 몸으로 익히려는 자세가 무엇보다 중요하다.

처음 해 보는 동작들마다 쉽지는 않다. 골프에 필요한 근육을 써 본 적이 없어 몸을 꼬고 버티는 것조차 힘겹다. 양손과 양발을 따로 쓰는 동작도 어렵고, "힘을 빼라"는 조언은 더욱 이해하기 힘들다. 갈등과 시행착오를 거듭하지만, 꾸준한 연습이 결국 익숙함을 만든다.

"지금의 어설픔은 지나가는 과정일 뿐, 꾸준함이 곧 힘이다."

(3) 행운의 시절, **"운이 미소 짓는 순간"**

기본기를 다진 후에는 파크골프의 재미에 푹 빠지고 행운이 자주 찾아오는 때다. 때로는 홀인원을 하며 먼 거리 세컨샷이 한 번에 들어가 이글을 기록하기도 한다. '운칠기삼(運七技三)'이라는 말처럼 자신감이 크게 커지는 시기다.

"운은 준비된 사람에게 더 자주 찾아온다."

(4) 갈등의 시절, **"정체성과 혼란의 문턱"**

중급자가 되면 초보 시절처럼 실력이 눈에 띄게 늘지 않는다. 동반자와의 관계에서 갈등을 겪기도 하고, 기술적 혼란과 함께 흥미를 잃는 위기가 찾아온다. 여러 선배들의 조언을 들으면 오히려 더 혼란스러운 시기다. 이 시기를 넘기려면 남의 말에 휘둘리기보다 자신에게 맞는 연습법과 노하우를 스스로 찾아야 한다.

"갈등은 멈춤이 아니라, 다음 단계로 가는 관문이다."

(5) 중수 시절, **"기술과 욕심 사이"**

이 시기에는 타수에 욕심이 생기고, 더 멀리·더 정확하게 보내고 싶어진다. 이론과 기술을 배우고 레슨에 참여하며 스스로 연구도 시작한다. 구심력, 원심력, 클럽 헤드 무게를 이해하고, 비거리를 늘리는 방법을 탐구하며 연습 자체가 즐거운 시기가 된다. 꾸준히 일정한 타수를 유지하려면 자신만의 루틴이 필요하다는 것도 깨닫는다.

"기술은 루틴 위에서 자라고, 욕심은 멘탈에서 다스려진다."

(6) 상급자 시절, **"자신만의 스타일로 완성"**

이 단계에 오르면 필드에서 보내는 시간이 많아지고, 연습 자체가 하나의 즐거움이 된다. 기본 스윙은 이미 몸에 배어 있으며, 다양한 상황에서 공을 자유롭게 컨트롤할 수 있다. 철저한 코스 분석과 자기 점검을 통해 꾸준히 훈련하며 자신만의 스타일과 기술을 완성해 간다.

"실력의 끝은 남을 닮음이 아니라, 나만의 빛깔을 찾는 일이다."

4) 자가 진단 체크리스트

① 18홀에서 평균 타수가 66 타 이상인가? (YES / NO)
② 샷을 50m 이상 칠 때 5번 중 3번은 원하는 방향과 거리를 맞히는가? (YES / NO)
③ OB나 해저드로 빠지는 실수가 2번 이하다. (YES / NO)
④ 그린 주변 10m 어프로치에서 홀컵 1m 이내에 붙인다. (YES / NO)
⑤ 2m 퍼팅은 자신 있게 홀컵에 넣는다. (YES / NO)
⑥ 내 루틴은 샷 전 후 일정하다. (YES / NO)
⑦ 바람·경사·잔디에 따른 거리를 조정한다. (YES / NO)
⑧ 잘못된 샷의 원인을 바로 분석할 수 있다. (YES / NO)
⑨ 경기 후 실수와 잘한 점을 메모하거나 복기한다. (YES / NO)

[YES의 개수]
8~9개: **상급 진입!** 더 큰 대회에도 도전할 만합니다.

5~7개: **중급 실력.** 안정성과 집중력을 조금만 더 보완하세요.

4개 이하: **기초 다지기 필요.** 기본기와 루틴부터 차근차근 다져 보세요.

고민 중! 대화 좀 하자!

5) 파크골퍼들의 딜레마

처음에는 단순해 보였던 파크골프가, 치면 칠수록 점점 복잡하고 어려워진다. 날씨, 잔디 상태, 몸 컨디션…. 수많은 변수가 매번 다른 타수를 만든다.

스윙을 잘해 보려 하지만 몸과 생각은 따로 놀고, 이론은 머릿속에 또렷해도, 실전에서는 깜박 잊은 채 공은 엉뚱한 방향으로 날아간다. 어쩌다 멋진 샷이 나와 기분 좋게 세컨샷을 던지면, 마음이 들뜬 것인지 욕심이 과했던지 공은 또 엉뚱한 데로 간다. 이번엔 마음을 비우고 조심스럽게 채를 던졌더니, 소심하다껴 가다가 툭- 멈춰 버린다. 심혈을 기울인 퍼팅도 "들어갔다!" 싶은 찰나, 공은 홀컵을 살짝 스치며 휙- 지나친다.

이런 황당하고 애태우는 순간들, 파크골프를 해 본 사람이라면 누구나 한 번쯤은 겪었을 것이다. 그러다 문득 이런 생각이 든다. "나는 파크골프랑은 체질이 안 맞는 건가?" 그리고 어김없이 떠오르는 그 말-

"공과 자식은 내 마음대로 안 된다더니~ 정말이네!"

실력을 하늘 탓만 하고 있으려니 마음은 오히려 불편하다. 슬슬 유튜브와 책을 뒤적이고, "이 자세만 지키면 고수가 된다"라는 글귀에 솔깃해진다. 그럼에도 공은 또 고집을 부리듯 엉뚱한 길을 간다.

이것이 바로 파크골퍼들의 딜레마의 순환고리다. 잘해 보려고 하면 할수록 꼬이고, 그만 내려 놓자니 또 아쉽다. 그럼에도 우리는 바로 그 딜레마 속에서 웃고 싶어, 다시 가방을 메고 코스로 나서게 된다.

6) 또 다른 딜레마 유형들

(1) 경쟁과 여유 사이에서

파크골프의 가장 큰 매력은 '즐거운 소통'이다. 하지만 경기가 시작되면 승부욕이 불쑥 고개를 든다. 동반자의 실수를 겉으로는 위로하면서도, 속으로는 계산기를 두드리는 자신을 발견한다. "나는 왜 이렇게 점수에 집착하지?"

(2) 장비의 유혹

파크골프는 클럽 하나, 공 하나로 즐기라고 고안된 운동이다. 그럼에도 현실은 클럽 소재, 볼 반발력, 명품 장비까지 따지는 사람이 늘어난다. "장비가 좋아야 점수도 나온다"는 유혹과 "소박하게 즐기려고 시작한 운동인데…."라는 생각 사이에서 갈등하는 순간이 온다. 내 시선이 동반자들이 갖고 있는 좋은 골프채에 관심이 가고 비교해 보려는 시기다.

(3) 인간관계의 즐거움과 피로

파크골프장은 새로운 인연을 맺기에 좋은 공간이다. 은퇴 후 사회적 관계가 줄어든 이들에게는 큰 축복이 아닐 수 없다. 하지만 가까워지다 보면 발을 삐끗하듯이 자칫 오해와 갈등도 생긴다. 파벌, 뒷담화, 작은 시비가 관계를 무겁게 만들고, 입장이 곤란해지기도 한다. "사람이 모이면 어디든 똑같구나"라는 씁쓸함을 느끼는 순간일 때다.

(4) 건강과 기록의 줄다리기

처음에는 파크골프를 건강을 위해 시작했지만, 실력이 오르면 욕심은 점수로 향한다. "건강을 위해 치자" 하면서도 퍼팅이 빗나가면 화가 치민다. 그리고 고민한다 레슨을 받아야 하나? 건강과 기록, 두 가지 사이에서 줄다리기를 하는 시기다.

(5) 시간 활용의 균형

파크골프는 노년의 시간을 풍성하게 채워 준다. 그러나 지나치게 몰두하다 보면 가족과의 시간, 삶의 다른 부분이 비어 버리기도 한다. 하루를 온통 운동에만 쓰고 있는 자신을 발견하고 "내가 너무 파크골프에 빠져든 것은 아닌가?" 하는 자문을 한다.

제3부

기술을 탐하다

파크골퍼가 성장해 가는 단계와 기술적 토대,

그리고 실전 전략을 다룬다.

[8장] 공부하는 골퍼들

파크골프는 전략적 사고와 기술 연마로 거듭나야 한다는
사실을 직감한다.

1) 공부의 필요성

파크골프는 겉으로는 단순해 보이지만, 감으로만 할 수 있는 운동이 아니라는 것을 하다 보면 누구나 깨닫게 된다. '왜 그런 결과가 나왔는가'를 이해하기 위해서는 **연구가 필수적**이다. 클럽의 각도, 공의 회전, 거리 감각, 잔디의 습기, 그리고 마음의 안정까지 이 모든 요소가 결과를 결정한다.

무슨 일이든지 기술적인 원리를 알면 실수를 분석할 수 있고, 전략적인 사고를 익히면 경기 운영 능력이 높아진다. 즉, 공부는 감각을 체계화하고 경험을 재현 가능한 지식으로 바꾸어 준다. 코스의 구조를 분석하고, 환경 변수에 따른 플레이 변화를 살피는 과정은 자신만의 경기 철학을 세워가는 여정이다

2) 투정은 이제 그만

파크골프를 시작한 지 2년쯤, 후배들은 눈에 띄게 실력이 늘었는데, 내 타수는 항상 제자리 걸음이었다. 선배들을 만나면 "왜 나는 타수가 줄지 않을까요?", "난 아무래도 운동신경이 둔한가 봐요." 하면서 은근히 자신의 타수를 합리화시키고 있었다.

그때, 전 국가대표 야구선수였던 한 선배가 웃으며 던진 한마디! "파크골프 만큼 쉽고 신사적인 운동이 또 있나요? 야구는 투수가 타자가

못 치게 별별 작전을 쓰고 던지는 공이지만, 파크골프는 그냥 가만히 누워 있는 공을 치면 되잖아요? 거기다 방해꾼도 없고, 시간 제약도 없고, 축구처럼 골키퍼도 없어요. 그런데도 홀컵에 못 넣는다면…. 연습 부족, 관심 부족, 노력 부족이지요."

그 한마디가 내 마음 속을 콕 찔렀다. 나는 노력도 안 하면서, 언젠가 저절로 잘 되겠지 하는 안일한 생각만 하고 있었던 것이다.

생각해 보니 파크골프는 정직하고 신사적인 게임이다. 공은 내가 친 만큼만 가고, 보낸 방향대로 움직인다. 누구도 내 공을 건드릴 수 없고, 굴러가는 내 공을 막을 자도 없다. 심지어 다른 공이 내 진행 경로를 막는다 싶으면, 마크해 달라 당당히 요구도 할 수 있다. 이렇게 좋은 조건에서 "왜 안 들어가냐", "왜 어렵냐" 불평만 늘어놓던 내 모습이 부끄러워졌다.

그날 이후, 내 마음이 바뀌었다. '생각 없이 그냥 치지 말자. 공부하고 연구하자' 생각 없이 툭툭 치지도 말고, 수다 떨다 치는 샷도 하지 말자.

관심이 있어야 집중도 되는데 그동안의 내 태도는 어떠했는가를 돌아보는 계기기 되었다. 노는 것도 잘 놀려면 공부가 필요하고, 질서 있게 더 잘 놀기 위해서는 '프로 정신'이 필요하는 것을 알게 해 주신 고마운 선배님이다.

3) 우승자들의 특징

파크골프에서 '우승자'는 한 그룹에서 종합 타수를 가장 낮은 순위자로 결정한다. 그들은 연습과 전략, 그리고 멘탈 관리까지 자기만의 철학을 가진 사람들이다. 우승자들의 공통된 특징을 살펴보면, 우리가 어떤 점을 배우고 다듬어야 할지 분명히 보인다. 우승하는 골퍼들에게는 공통점이 있다. 그들은 단순히 공을 치는 데 그치지 않고, 공을 대하는 태도와 마음가짐에서 차이를 만든다. 몇 가지 특징을 정리해 보면 다음과 같다.

4) 파크골퍼의 프로정신

파크골퍼에게도 프로정신은 필요하다.

- 관심: 경기에 몰입하고, 배우려는 태도를 갖는다.
- 기술: 스윙, 퍼팅, 거리 조절을 익히고 몸에 새긴다.
- 간절함: 한계를 넘겠다는 의지와 실행력으로 뒷받침한다.

5) 실력을 높이는 원칙과 과정

실력을 높이는 일은 단순히 공을 많이 치는 데 있지 않다. 올바른 원칙을 이해하고, 그것을 꾸준히 실천할 때 비로소 기술은 몸에 스며든다. 성장에는 방향이 있고, 그 방향을 잡아 주는 것이 바로 원칙이다.

(1) 세 가지 핵심 원칙

① 자각(自覺): 지금 내가 어디서, 무엇을, 왜 하고 있는지를 인식한다. 자신의 상태를 알아차릴 때 비로소 변화의 방향이 보인다.

② 조화(調和): 몸과 도구, 마음과 환경이 어우러질 때 스윙은 가장 자연스러운 궤적을 그린다. 균형 잡힌 스윙이 정확한 임팩트를 만든다.

③ 루틴(Routine): 루틴은 흔들리지 않는 의도된 습관으로 골퍼의 기초 체력이나 마찬가지다. 습관화된 준비와 일관된 셋업은 현장의

변수를 줄이고 자신감을 세운다.

(2) 훈련의 법칙

꾸준히 성장하려면 감(感)에만 의존해서는 안 되고, 명확한 원칙과 절차가 함께해야 한다.

훈련의 네 가지 법칙을 기억하자.

① **반복**: 자신의 약점을 중심으로 꾸준히 연습한다.

② **집중**: 배운 기술을 자신의 리듬과 체형에 맞게 적용한다.

③ **기록**: 연습과 경기 후 반드시 메모해 피드백한다. 즉 오답노트가 필요하다.

④ **적응**: 코스·날씨·잔디 등 변화에 유연하게 대응한다.

연습은 양보다 질이다. 중요한 것은 **의도 있는 반복**이다. 한 번 더 친 공보다 한 번의 자각이 더 큰 변화를 만든다. 훈련은 '공을 치는 일'만이 아니라 '자신을 단련하는 과정'이다. 법칙을 이해하고 기술은 몸에 스며들고 마음은 단단해질 때, 비로소 골프는 기술을 넘어 **자기 완성의 여정**이 된다.

(3) 성장 단계

성장은 하루아침에 이루어지지 않는다. 그 길에는 이해, 실천, 그리고 내면화의 과정에 있다.

① **관심**: 관심이 배움의 문이 열린다.

② **자각**: 실수의 원인을 외부가 아닌 자신에게서 찾는다.

③ **집중**: 오직 지금, 이 한 샷에 몰입한다.

④ **반복**: 기술이 몸에 배도록 꾸준히 익힌다.

⑤ **외로움**: 홀로 마주하는 시간이 성장의 길이다.

⑥ **돌파**: 한계를 벽이 아닌 문으로 바꿔 나아간다.

6) 연습이 즐거워지는 이유

홀로 마주하는 시간이 오히려 성장 동력이다.

혼자서 하는 연습은 외로운 길이라고 말한다. 그러나 선수들은 자신이 외로운지도 모른 채 묵묵히 연습한다. 다른 사람이 보기엔 혼자서 같은 동작을 끝없이 반복하는 일이 지루하고 고단해 보일 수 있다.

공이 클럽에 정확히 맞아 원하는 방향으로 날아갈 때, 그 짜릿한 순간은 연습이 주는 최고의 보상이다. 이 교감을 터득하지 못한 골퍼들은 연습을 지루하고 외로운 일이라 여기며, 성과가 없다며 포기할지도 모른다.

고수들은 다르다. 그들은 연습을 하면서도 클럽과 공, 그리고 몸과 삼박자를 맞추는 감각을 즐긴다. 매 순간마다 자신과 협상을 나누며 한 걸음씩 성장한다. 각자 터득한 기술과 노하우를 현장에서 발휘하는 과정이 게임이며, 동시에 즐기는 시간들이다.

7) 변화에는 성장통이 따른다

세상은 끊임없이 변한다. 그리고 그 변화는 우리에게. "이제 너도 변해야 한다"고 손짓을 한다. 우리가 새로운 국면에 들어서면, 그 변화를 받아들일지 말지 스스로 결정해야 한다. 그리고 한 번 받아들이기로 했다면, 그 뒤에는 '노력'이라는 공부 도구가 반드시 필요하다.

여기서 말하는 공부는 단순히 책상 앞에 앉아 글자를 외우는 것이 아니다. 내 안에 새로운 것을 뿌리내리게 하는 '내적 작업'이다. 새로운 물건을 집에 들이면, 전에 있던 물건을 치워야 하듯이, 새로운 지식을 받아들이려면 기존의 지식들과 습관을 재 정립해 놓는 것이 바로 공부의 본질이다. 내 머릿속의 오래된 정보 체계에 새로운 정보를 접목하고, 그것을 내가 쓰기 좋게 다시 배열하는 과정이 변화와 혁신이다.

그런데 새로운 지식이 들어오게 되면, 이상한 일이 벌어진다. 새로움은 낯설고, 기존의 지식은 뒤흔들리고, 때로는 두려움마저 느끼게 된다. 이런 불편하고 혼란스러운 감정을 우리는 '성장통'이라 부른다.

성장통은 마치 내 안의 안정된 구조를 무너뜨리려는 침입자처럼 느껴진다. 그래서 본능적으로 거부하고 싶어짐으로 많은 사람이 바로 이 시점에서 공부를 포기한다.

하지만, 이 고비를 넘긴 사람만이 새로운 단계로 올라선다. 성장통은 방해물이 아니라, 다음 차원으로 가는 검열구역이나 검문소와 같기에 당연히 통과해야 한다. 파크골프를 처음 배우는 것도 마찬가지다. 기존의 운동 방식, 습관, 심지어 사고방식까지 다시 세팅해야 하는 숙제가 생긴다. 처음에는 어색하고 힘들지만, 그 과정을 기꺼이 받아들이고 이겨 내는 사람만이 다음 레벨의 즐거움과 성취를 맛본다.

변화를 받아들이려는 태도와, 성장통을 견디는 힘. 이 두 가지가 결국 그 사람의 인생 전략이고, 경기에서는 승부수다.

[9장] 전략과 기술

1) 기본 원칙 “서두르지 않는 마음”

사람들은 종종 ‘한 방의 멋진 샷’을 꿈꾼다. 멀리 날아가는 티샷, 극적인 퍼팅, 그 순간은 분명 짜릿하고 오래 남는다. 그러나 스코어를 만드는 것은 한 번의 기적이 아니라, 매 순간 **탁월한 판단력**이다.

파크골프를 하면서 깨닫는다. 행운보다 더 중요한 것은 **매 샷마다 중심을 잡는 지혜**라는 것을. 그래서 나는 오늘도 공 앞에서 마음을 다잡는다.

"조급해하지 말자. 한 샷 한 샷, 따박따박 이어 가자."

스윙은 내 마음의 그림자다. 내가 조급하면 공도 앞서 나가고, 내가 흔들리면 공도 방향을 잃는다. 반대로 마음이 차분하면 공도 얌전하게 그 길을 따라 간다.

파크골프는 비거리의 싸움이 아니고 **판단력과 자기 조절력의 경기**다. 언제 힘을 빼야 하는지, 어디서 멈춰야 하는지를 아는 사람, 그가 진정한 강자다. 결국 공을 다루는 일은, 자신의 마음을 다스리는 일까지도 포함된다.

2) 코스 전략

(1) 기본 전략

첫째는 관찰이다. 잔디의 길이, 바람의 방향, 눈에 띄지 않는 미묘한 경사, 해저드까지 살펴보는 습관이 필요하다.

둘째는 안전이다. 먼 거리보다, 실수하지 않는 자리에 공을 보내는 것이 더 유리하다.

셋째는 연속성이다. 이번의 샷이 다음 샷을 편안하게 칠 수 있는 자리로 보내 주어야 한다. 전홀에서 힘들었다면 그 피곤함이 누적되어 집중력을 방해한다.

마지막은 멘탈이다. 욕심을 내려놓고, 매 홀마다 같은 루틴으로 자신을 조율하는 것이다.

(2) 샷별 전략

티샷은 멀리보다 정확하게, 샷은 강하게 보다 안정적으로, 욕심을 내기보다 세컨샷이 편해지는 위치에 두는 것이 현명하다.

세컨샷은 경기의 흐름을 만든다. 홀컵에 가깝게 붙이는 것이 목표지만, 먼저 지형을 읽어야 한다. 그린의 경사와 퍼팅 라인을 고려한 뒤, 퍼팅하기 좋은 공간으로 공을 안내하는 것이 기술이다.

퍼팅은 마무리의 예술이다. 짧은 퍼팅은 방향이 우선이고, 긴 퍼팅은 거리감이 핵심이다. 중요한 건 "한 번에 넣겠다"는 조급함보다 홀컵에 붙이는 여유가 당황스런 돌발 상황을 막는다.

(3) 홀별 전략

Par3 홀: 유혹이 크다. 버디를 노리고 싶은 마음이 앞서지만, 차라리 안정적인 3타 작전이 스코어 관리에는 훨씬 유리하다.

Par4 홀: 무리한 직공을 피해야 한다. 티샷은 안전지대에 두고, 다음 샷에서 홀컵을 향하여 붙이는 것이 현명한 길이다.

Par5 홀: 욕심을 경계해야 한다. 거리를 무리하게 욕심을 내면 OB 위험이 커진다. 롱샷일수록 균형 잡힌 피니시가 필요하며, 세컨샷하기에 가장 편안한 지점에 공을 두는 것이 곧 최선의 전략이다. 즉 롱홀일 경우 티샷을 항상 같은 그 자리에 갖다 놓자. 그래야 세컨샷에서 거리 맞추기가 편하다.

3) 스윙의 본질

골프클럽으로 공을 타격하는 행위를 "샷(Shot)"이라 하며, 공을 치기 위한 일련의 동작들을 "스윙(Swing)"이라고 한다.

스윙은 공을 치려고 클럽을 휘두르기 위해 몸이 좌우로 움직임을 의미하며 골프에서 스윙과 샷은 가장 중요한 요소다. 스윙은 단순한 기계적인 몸 동작의 나열이 아니고 한 번의 스윙 속에 일곱 단계의 스윙 동작이 스며 있고, 그 흐름이 자연스럽게 이어질 때, 공은 부드럽게 날아간다.

① 리듬감: 자연스러운 연속 동작이 파워를 만든다.

② 템포와 타이밍: 나만의 템포 "하나-둘-셋"을 지키자.

③ 각도와 간격: 자세부터 피니시까지 일관성 유지하자.

④ 몸과 균형: 하체가 리드하고, 상체는 따라가는 구조다.

⑤ 체중 이동: 팔 힘이 아닌 하체 주도가 거리의 핵심이다.

(1) 스윙을 위한 동작들

① 어드레스(Address): 스윙의 준비 태도

어드레스는 단순한 자세가 아니다. 공을 치기 전, 몸과 마음을 정렬하는 '준비의 기술'이다. "어떻게 칠까"보다 "어떻게 설까"를 먼저 묻는 순간, 이미 스윙의 절반은 완성된다.

- 발은 어깨 너비로 벌리고, 체중은 양 발에 균등히 싣는다.
- 허리를 자연스럽게 숙여 공과 눈높이를 맞춘다.
- 무릎과 엉덩이의 각도를 조절해 중심을 단단히 세운다.
- 손과 팔은 힘을 빼고 클럽을 잡아, 어깨와 팔이 자연스럽게 늘어지게 한다.

바른 어드레스는 몸의 균형이 곧 마음의 균형이기 때문에 출발점이자 마음가짐의 시작이다.

② 백스윙(Backswing): 에너지를 모으는 동작

백스윙은 천천히, 낮게, 부드럽게 클럽을 들어 올릴수록 몸은 단단히 감기고, 에너지는 자연스럽게 축적된다. 조급한 동작은 리듬을 깨뜨리고, 방향을 흔들리게 한다.

- 클럽은 뒤로 천천히, 낮게, 부드럽게 들어 올린다.

- 팔꿈치는 자연스럽게 구부리고, 손목은 부드럽게 회전한다.

- 몸의 회전은 **골반 → 상체** 순으로 이어지게 한다.

- 시선은 공에 고정하고, 불필요한 힘은 뺀다.

백스윙은 '휘두름'이 아닌, 고요함 속에 힘을 쌓는 이 과정이 좋은 스윙의 시작이 된다.

③ 백스윙탑(Top of the Backswing): 모은 에너지를 리듬으로 바꾸는 동작

백스윙탑은 **정점에서의 정지**, 곧 힘이 흘러내릴 **균형의 순간**이다. 몸의 축이 흔들리지 않아야 축적된 에너지가 자연스럽게 다운스윙으로 이어진다.

- 클럽이 정점에 도달하면 잠시 멈춰 중심을 확인한다.

- 골반과 어깨는 고정하고, 상체의 균형을 유지한다.

- 손목과 팔꿈치는 긴장하지 말고 자연스럽게 둔다.

- 호흡을 고르고, 다음 동작으로 부드럽게 연결한다.

백스윙탑은 '정지'가 아니라, **흐름을 잇기 위한 고요한 리듬의 전환점**이다.

④ 다운스윙(Downswing): 에너지를 전달하는 기술

다운스윙은 억눌렀던 에너지를 **흐름으로 풀어내는 과정**이다. 몸이 올바른 순서로 회전할 때, 공은 스스로 정직하게 날아간다. 다운스윙의 핵심은 힘의 크기가 아니라 리듬과 **흐름의 타이밍이다.**

- 체중을 오른발에서 왼발로 옮기며, **골반을 먼저 열고 상체가 뒤따르게 한다.**
- 팔과 클럽은 몸의 회전 리듬에 따라 **자연스럽게 아래로 떨어지듯 내려온다.**
- 머리는 끝까지 공에 고정하고, 시선을 흔들지 않는다.
- 힘을 억지로 밀어내지 말고, 꼬았던 몸을 회전과 타이밍으로 에너지를 전달한다.

다운스윙은 '세게 치는' 동작이 아니라, **쌓아 둔 에너지를 순리대로 흘려보내는 예술**이다.

⑤ 임팩트(Impact) — 응축된 힘이 드러나는 순간

깨끗한 임팩트는 **그 순간의 진동이 손끝을 타고 전해질 때** 느껴진다. "임팩트는 마음이 공과 부딪는 순간이다." '탁!' 하고 울리는 그 소리는 수많은 연습과 집중, 그리고 마음의 균형이 모여 만들어 낸 하나의 울림이다.

- 클럽 페이스가 공을 스치는 찰나, **거리·방향·의도**가 이미 결정된다.
- 공을 끝까지 바라보며, **시선이 흔들리지 않도록** 한다.
- 몸 전체가 하나의 축으로 체중과 회전력을 **자연스럽게 전달**한다.

임팩트는 단순한 '타격'이 아니라 **지금까지 응축된 힘이 공에 맞아 떨어지는 순간**이다.

⑥ 팔로스루(Follow-Through) — 스윙의 흐름을 이어가는 자세

깨끗한 팔로스루는 공이 떠난 뒤에도 몸과 마음이 자연스럽게 따라가는 순간이다. 스윙의 끝에서야 비로소, 공과 함께 흘러간 에너지가 온전히 몸안에 느껴진다. 팔로스루는 단순한 마무리가 아니다.

- 공의 궤적과 몸의 궤적이 하나로 이어지도록, 흐름을 끊지 않는다.
- 공을 보낸 뒤에도 체중은 왼발에 완전히 실리고, 오른발은 발끝만 지면에 닿아 균형을 유지한다.
- 상체와 팔은 클럽을 따라 부드럽게 회전하며, 몸 전체가 하나의 축으로 이어진다.

그동안 쌓아온 집중과 마음, 몸의 조화가 마지막까지 흘러가는, 스윙의 **완성 순간**이다.

⑦ 피니시(Finish) — 스윙의 마무리와 균형

팔로스루 스윙이 끝난 뒤, 몸과 마음은 고요히 안착한다. 시선은 여전히 목표를 향하고, 몸은 흔들림 없이 균형을 유지한다.

- 스윙의 기술적 완성은 물론, 지금까지 흘린 마음과 집중이 이 순간에 드러난다.
- 팔로스루에서 이어진 흐름이 피니시에서 안정으로 정착하며, 스윙 전체가 하나의 이야기처럼 완성된다.
- 피니시는 단순한 끝맺음이 아니라, 자신이 수행한 스윙과 마음가짐을 고요히 보여 주는 순간이다.

(2) 스윙의 함정

스윙의 함정은 기술보다 마음이 앞서거나, 마음보다 기술이 앞장서려고 할 때, 즉 몸과 마음이 균형을 잃을 때 스윙은 함정에 빠진다.

① 일관성 부족: 일관성이 없는 스윙은 스스로가 자신감 없이 스윙을 하게 된다.

② 불안정한 그립: 그립잡기에 일관성이 없으면 방향은 그때그때 다르다.

③ 잘못된 조준(Aiming): 에이밍이 잘못되면 아무리 똑바로 친다 해도 방향은 엉뚱한 곳으로 간다.

④ 어드레스: 자세를 바르게 서지 않으면 몸의 균형이 깨진다.

⑤ 백스윙과 다운스윙의 불균형: 클럽이 앞 뒤로 움직일 때 즉 백스윙 때와 다운스윙 때 클럽이 틀어지면 아무리 에이밍을 잘해도 소용없다.

⑥ 임팩트 시 헤드 각도 불일치: 임팩트 시 헤드 클럽의 각도가 공과 직각이 안 되면 거리도 안 나고 삐뚤게 나간다.

OB구역. 그곳에는 이유도 많고 변명도 많다.

(3) 스윙은 자신만의 길을 찾는 과정이다

파크골프는 일반 골프보다 비거리가 짧고, 입문자 중에는 정통 골프를 배우지 않은 사람도 많다 보니, 샷 폼이 사람마다 제각각이다. 그러나 그 다양함이 곧 파크골프의 매력이기도 하다.

어떤 이는 팔의 힘으로, 어떤 이는 리듬으로, 또 어떤 이는 체중 이동으로 일관된 스윙을 하는 사람들도 있지만, 그들은 형식만 다를 뿐, 결과는 크게 다르지 않다. 파크골프 스윙은 배워가는 과정에서는 공식은 있지만 꼭 지켜야 할 규칙은 아니다. 비록 자세가 교과서처럼 다르더라도 타수가 안정적이고, 공이 원하는 대로 간다면 그것이 '그 사람만의 스윙 스타일'이 맞다. 그럼에도 누군가의 자세를 보고 "그건 틀렸다."거나 "폼이 이상하다."며 지적하는 일이 가끔 눈에 띈다.

중년들은 나이를 듦에 정통 스윙단계를 그대로 따라 하기에는 몸이 굳고 불편할 수 있다. 가장 좋은 스윙은 자신의 몸과 마음이 허용하는 범위내에서 스스로 최적화된 스윙을 만들어 가는 것이 좋다. 이미 나와있는 스윙자세나 단계는 인체에 맞게 최적화해 놓은 스타일임을 참고한다.

(4) 스윙 체크리스트

① 자세/리듬

- 스윙 자세가 자연스러운가? (Yes / No)
- 리드미컬하고 침착한가? (Yes / No)
- 불필요한 곳에 힘이 들어가 있는가? (Yes / No)

② 백스윙

- 백스윙 후 리듬은 적절한가? (Yes / No)
- 거리에 맞는 백스윙 높이는 적절한가? (Yes / No)

③ 거리/집중력

- 거리 계산이 정확했는가? (Yes / No)

- 고개를 들지 않고 끝까지 공을 봤는가? (Yes / No)

④ 방향/코스 공략

- 목표 지점을 정확히 정했는가? (Yes / No)
- 티박스 방향 확인 후 어드레스했는가? (Yes / No)

⑤ 퍼팅/임팩트

- 퍼팅과 티샷의 차이를 이해하는가? (Yes / No)
- 라이(경사)를 제대로 읽었는가? (Yes / No)
- 헤드 방향, 중심에 맞췄는가? (Yes / No)

활용 팁: NO가 나온 항목은 다음 홀에서 즉시 보완. 실수 반복을 줄여야 실력이 향상한다

(5) 스윙의 교훈

① 고개를 들지 말라는 의미

초보 때 수시로 듣고 수시로 지적받는 사항이다. 그럼에도 샷을 할 때 가장 염려되고 잊기 쉬운 것이 고개 들지 말라는 말이다. 고개를 들지 말라는 깊은 뜻은 공을 끝까지 보라는 의미이고 공을 보라는 구체적 이유는 공을 정확하게 맞추기 위함이다 샷하는 순간 고개를 들면, 헤드가 들리면서 헤드 방향이 틀어져 정타가 맞지 않는 원인이 된다.

② 샷을 하는 동안은 눈도 깜빡여서도 안 된다

'공을 끝가지 본다'를 좀더 구체적으로 설명한다면 백스윙할 때도 공을 보고, 임팩트 때도 공만 보고, 팔로스로우 할 때까지도 눈을 공에서

떼지 말라는 뜻이다. 공을 뚫어져라 쳐다볼 수 있는 힘도 기술이다. 이렇게 할 수 있는 힘을 기르는 것이 주의를 분산하지 않고 내 주의를 하나로 모으고 집중하는 원리다.

③ 비거리 요점

공은 빠르게 가격할수록 거리가 많이 나며 스윙스팟에 정확히 맞히면 거리가 많이 난다. 즉 스윙의 속도에 따라 공을 가격하는 힘이 다르고, 클럽 페이스의 직각유지에 따라 공이 맞는 위치와 방향성이 다르다. 공을 가격하는 페이스의 각도와 힘이 정확한 임팩트다.

④ 헤드 무게를 느껴라

헤드 무게는 손의 힘도, 팔의 힘도 아니다. 오직 **헤드 그 자체의 무게감**을 인식하는 것이다. 빈스윙을 하며 헤드를 천천히 흔들어 보라. 손끝으로 '헤드가 흔들리는 느낌'이 전해질 때, 비로소 진짜 스윙의 시작이다. 다운스윙에서는 팔의 힘으로 공을 치려 하지 말고, **헤드의 무게로 공을 가격한다**는 감각을 가져야 한다. 그 순간 클럽이 자연스럽게 공을 밀어내며, 비거리는 저절로 늘어난다. 임팩트 이후 채를 가볍게 던지듯 마무리하려면 다운스윙에서 팔의 긴장을 풀어야 한다. 힘을 빼야 헤드가 던져지고, 헤드가 던져질 때 스윙은 가장 자연스러워진다. 결국 스윙의 주인은 팔이 아니라, '헤드의 무게'를 느낄 줄 아는 **감각이 주인공**이다.

⑤ 거리에 욕심을 내지 말라

파크골프를 하다 보면, 초보 시절에는 파워를 중시하게 된다. 샷을 멀리 보내야 잘한 것 같고, 소리가 커야 멋있어 보인다. 그러나 파크골프는 일반골프와 달리 페어웨이 거리가 짧아서 탓수는 비거리에서 좌우되는 것이 아니다. 공을 다루는 것은 '힘'이 아니라 '방향'이라는 것, 세게 치는 것보다 바르게 치는 것이 중요하다. 파크골프는 스윙의 일관성과 거리조절의 명수가 되도록 공을 똑바로 보내는 방법과 힘의 강약으로 거리를 맞추는 연습이 필요하다. 아무리 긴 홀이라도 두번으로 나누어 치고 방향성과 힘의 강약 조절이 핵심이다.

⑥ 홀인원이나 버디를 잡은 후 망가지는 이유

멋지게 한 티샷이 세컨샷에서 실수하는 경우가 종종 있게 된다. 이 요인은 앞 전에 멋지게 휘두른 그 샷감을 아직 내려놓지 않고 그 느낌 그대로 세컨샷을 세게 치기 때문에도 실수를 하기 쉽다. 매홀 매 샷마다 처음처럼 호흡을 가다듬고, 그린에 맞는 샷을 차분하게 구사하여야 한다.

빈 스윙은 루틴이다.

(6) 스윙은 인생처럼

스윙은 내 몸과 타협하는 기술이자 마음의 수양이다.

파크골프를 시작하고 가장 먼저 마주한 장벽은 스윙이다. 공 하나를 치는 단순한 동작이 왜 이렇게 어려운가. 하지만 시간이 흐를수록 알게 된다. 스윙은 단순한 동작이 아니고, 스윙은 내 몸과 클럽이 타협하는 기술이자 **몸과 마음이 동시에 움직이는 예술이자 철학이었다.**

처음 클럽을 들면, 우리는 저절로 힘을 쓴다. 강하게 휘두르면 멀리 나갈 거라 믿는다. 그러다 세게 친다고 멀리 가지 않는다는 것을 깨닫는다. 오히려 조급함과 욕심은 공을 엉뚱한 곳으로 보낸다는 것을 언제 알게 되느냐가 전환점인 포인트가 된다.

하루하루 날씨가 다르고, 몸 상태가 다르며, 마음이 가라앉을 때도,

요동칠 때도 있다. 그럴수록 더 천천히, 더 정성껏 스윙을 준비해야 한다. 나만의 템포를 찾고, 익숙하도록 루틴을 반복하는 것이 중요하다. 하체가 리드하고, 상체가 따라오며, 팔은 클럽 헤드의 무게를 느끼고 조용히, 그러나 단단하게 나아간다. '서두르지 않고, 과하지 않게, 내가 갈 방향을 정확히 응시한 채로'라면서~, 파크골프는 매번 우리에게 경고도 주며 가르침을 준다.

4) 퍼팅의 지혜

파크골프에서 퍼팅은 단순히 공을 치는 과정이 아니다. 라운드 내내 걸어온 **마지막 한 걸음**이다. 이 마지막 한 걸음에서, 마음의 평정심도 시험대에 오르는 순간이며, 스코어가 갈리는 순간이다.

(1) 퍼팅의 기본 공식

퍼터 그립은 왼팔과 샤프트가 일직선이 되도록 잡아 손목의 흔들림을 막아야 한다. 손목의 작은 움직임이 곧바로 실수로 이어지기 때문이다.

어깨와 자세는 둥글게 말아 허리를 숙이고, 공이 왼쪽 눈 아래에 오도록 선다. 이렇게 해야 시선과 라인이 일치한다.

헤드 방향은 한 번 정하면 끝까지 믿어야 한다. 중간에 방향을 바꾸거나 헤드가 흔들리면 공도 함께 흔들린다.

상체와 하체 고정. 머리와 몸통이 미동 없이 고정되어야 매 샷이 일관성을 가진다.

퍼팅은 힘으로 하는 동작이 아니고, 어깨로 미는 동작이다. 퍼팅시 백스윙에서 잠깐 **멈추는 작업은 힘을 빼는 작업**이다.

(2) 상황별 퍼팅 전략

퍼팅의 길은 그린의 상태와 공의 위치에 따라 매번 새로운 길로 바뀐다.

직선 퍼팅은 홀컵 중앙을 정조준하고, 헤드 페이스를 직각으로 맞추면 된다. 단순하지만 기본이자 기준이다.

브레이크 라인(휘어지는 퍼팅)에서는 공이 꺾이는 지점을 목표로 삼는다. 헤드는 여전히 목표 방향으로 밀어 주어야 한다.

오르막 퍼팅은 평지보다 더 강하게. 10m 거리라면 12~15m 거리로 계산하는 지혜가 필요하다.

내리막 퍼팅은 힘을 빼는 것이 생명이다. 토우로 치거나 상단을 건드려 흘려보내듯 치면 안전하다. 백스윙만 하고 팔로스로우 없이 멈추는 감각이 중요하다.

옆 라인 퍼팅에서는 두 가지 길이 있다. 하나는 라이를 무시하고 직선으로 강하게 밀어붙이는 길, 다른 하나는 라이를 정직하게 계산해 헤드를 그쪽으로 맞추는 길이다. 각자의 성향에 따라 선택할 수 있다. 무엇보다 중요한 건, 홀컵만 보는 것이 아니라 잔디의 결, 경사, 거리, 공의 반응을 함께 읽는 것이다.

(3) 그린별 대처

퍼팅은 결국 지형과의 대화다. **자연잔디**에서는 부드럽게 밀어치는 것이 좋고, **인조잔디**에서는 잘 구르기 때문에 힘을 줄여야 한다. **망 잔디**에서는 자연잔디보다 덜 구르므로 조금 더 강하게 한다. **역결(逆結) 잔디**에서는 잔디의 저항이 심하다. 순결보다 거리를 더 많이 보아야 한다.

(4) 퍼팅 실전 체크리스트 9항목

① 라이 확인

– 앞, 뒤, 옆면에서 라이와 경사를 읽었는가?

② 목표 지점 설정

– 홀컵이 아니라, 공이 지나갈 지점(브레이크 포인트)을 설정했는가?

③ 거리 감각 각인

– 목표 지점을 5회 이상 바라보며 거리감을 뇌에 입력했는가?

④ 어드레스 안정

– 어깨, 팔, 손목, 볼 위치가 일관되게 세팅 되었는가?

⑤ 그립 압력 조절

– 숏퍼팅은 70~80%, 롱퍼팅은 30~40%로 조절했는가?

⑥ 스트로크 리듬 유지

– 백스윙과 팔로스루가 부드럽고 같은 속도로 이루어졌는가?

⑦ 헤드 방향 꼭 확인

– 임팩트 순간 헤드가 목표선과 직각을 이루었는가?

⑧ 팔로스루 유지

– 공을 '밀어 치기'로 마무리했는가?(때려 치지 않았는가?)

⑨ 거리·힘 조절

– 내리막·오르막·러프·인조잔디 등 그린 상황에 맞게 힘을 조절했는가?

5) 파크골프는 퍼트 싸움이다

파크골프 승부는 결국 마지막 퍼트 싸움이다. 각 홀마다 몇 번만에 공이 들어갔느냐가 점수를 가른다. 예를 들어 9홀 기준으로 보면, 선수든 초보든 누구나 티샷은 9번을 하게 된다. 홀인원을 하지 않는 한, 세컨샷도 대부분 9개 홀에서 9번의 세컨샷을 한다. 즉, 티샷과 세컨샷을 합치면 최소 18타를 기본으로 친다는 뜻이다. 그러나. 한 홀에서 2타에 넣는다면, 타수를 줄일 수 있지만 거기에는 많은 위험이 뒤따른다. 이후의 타수의 차이는 대부분 퍼트에서 생긴다. 몇 번의 퍼트샷에 공이 들어갔느냐에 따라 타수가 3타냐 4타냐로 차이가 생긴다. 퍼트 감각이 좋은 사람은 꾸준히 한 번의 퍼팅으로 들여보냄으로 3타로 마감한다. 그 다음은 퍼팅 실수가 한 번이면 4타이고, 두 번이면 5타냐에 따라에 타수 차이가 벌어지기 시작한다.

잔디와 대화하지 않고 하는 퍼팅은 홀컵을 빗나가기 마련이다.

게다가 OB를 내면 한 번에 2타씩 탓수가 올라 감으로 치명적인 손실을 입는다.

요점은 단순하다.

① 절대로 OB를 내지 말 것.

② 매 홀 3타를 넘지 않도록 작전을 세울 것.

③ 세컨샷은 과욕을 버리고, 퍼트하기 좋은 위치로 붙일 것.

④ 파크골프는 장타의 게임이 아니라, 현명하게 보내는 사람이 진짜 고수다.

6) 미스샷 다루기

골프에서 실력이 일정 수준에 오르면, 우승을 가르는 것은 화려한 샷에 있지를 않고, 실수를 얼마나 줄이느냐가 승부를 갈라놓는다. 하지만 아무리 숙련된 고수라 해도, 매번 완벽할 수는 없다. 파크골프는 공이 멈추기 전까지는 아무도 결과를 장담할 수 없는 경기이다.

(1) 실수의 심리적 요인

미스샷의 원인은 기술 부족이라기보다 찰나의 섬세한 동작이나 몸과 마음의 균형, 그 어느 하나라도 흔들리면 미스샷은 나온다. 비록 완벽하지 않은 스윙이라도 자신감을 가지고 임하면, 작은 실수도 곧 경험이 되어 다음 샷을 더 단단하게 만든다.

(2) 실수는 스승이다

세상 모든 배움이 그렇듯, 골프도 실수를 통해 길을 알아간다. 실수는 보이지 않던 함정을 발견하게 한다. 그리고 다시는 같은 함정에 빠지지 않도록, 내 안에 새로운 기술과 대처 능력을 심어 준다. “왜 나는 자꾸 같은 실수를 할까?”라고 자책하기보다는, “이번 실수를 통해 무엇을 배울 수 있을까?"라고 묻는 순간, 실수는 짐이 아니라 선물이 된다.

(3) 현재의 샷에 집중하기

파크골프에서 중요한 것은 **지금 내 앞에 놓여 있는 공**이다. 이전 홀에서 한 실수는 이미 지나갔고, 앞으로의 결과는 아직 오지 않았다. 따라서 오직 현재의 샷에만 마음을 두는 것이 정답이다. 경기 전부터 불필요한 걱정을 쌓아 두면, 실력을 발휘하기보다 스스로를 얽매게 된다. 반면 자신감 있는 사람은 새로운 코스, 낯선 환경에서도 불안보다 도전을 즐긴다. 그 차이가 곧 미스샷을 줄이는 길이다.

7) 경기 중 실수의 원인

① 욕심: 초보자가 가장 쉽게 빠지는 함정. 공을 세게 치려는 순간 자세가 무너진다.

② 긴장감: 긴장으로 근육 경직이나 감각 둔화로 터무니없는 실수가 나온다.

③ 정신력 부족: 원인이 분명한 실수든, 불분명한 실수든 결국 멘탈의 흔들림에서 비롯된다.

④ 압박감: "완벽한 스윙을 해야지"라는 생각이 오히려 뜻밖의 실수를 부른다.

⑤ 체력 한계: 신체 능력 이상의 힘을 쓰면 실수가 잦다.

⑥ 장비 문제: 장비 교체 후 실수가 많아졌다면 장비 상태와 적합성을 점검해야 한다.

⑦ 무지함: 경기를 끝내고 나서야 퍼팅 기술 부족을 깨닫는 경우다.

⑧ 기술 분석 부족: 퍼팅 결과만 보지 말고, 그 결과에 대한 원인을 분석한다.

⑨ '혹시나' 심리: 롱 퍼팅 성공에 맛을 들이면 요행만 바란다.

⑩ 무작정 연습: 연습은 양보다 질이다. 약점을 극복하는 맞춤형 연습이 필요하다.

⑪ 자기 비난: 실수했을 때 자신을 탓하면 다음 샷까지 흔들린다.

8) 관찰의 지혜 "오너의 샷에서 배우기"

그린 위에서는 언제나 여러 명이 함께 걷다가 각자 퍼팅을 준비한다. 퍼팅은 당당하게 공을 자기집으로 들여보내 주는 일이다. 그리고 내 퍼팅을 끝낸 후에도 동반자의 퍼팅을 끝까지 지켜보는 것이 예의이며, 또 그 시간이 나를 성장시키는 또 하나의 레슨시간이다.

특히 나와 비슷한 위치나 조건에서 동반자가 시도하는 퍼팅은, 공이 어떻게 구르고, 어느 지점에서 속도가 줄며, 어디서 예상과 달리 휘어지는지를 지켜보는 순간, 그 장면은 나의 다음 퍼팅에 소중한 단서가 된다.

남의 퍼팅을 단순히 "잘했다, 못했다"로 보지 않고, 관찰의 눈으로 바라볼 때 내 퍼팅은 한층 성숙해진다. 이때 동반자의 퍼팅을 어떻게 바라보느냐가 나의 퍼팅 실력을 키우는 **결정적인 열쇠**가 된다. 그 과정을 통해 시행착오를 줄이고, 간접 경험을 쌓으며, 실전 감각을 다듬을 수 있다. 동반자가 퍼팅을 준비할 때, 이 네 가지는 곧 나의 퍼팅 교재가 된다.

무엇을 관찰해야 할까?

① **라인**은? 어떤 쪽으로 방향을 잡고 있는지.

② **백스윙**의 크기는? 얼마나 되는지.

③ **힘 조절**과 속도는? 얼마나 빠른지.

④ **결과**는? 공이 실제로 어떤 궤적을 그리며, 어디에서 휘어지고 멈추는가.

9) 야디지북(Yardage Book)

처음으로 방문하는 구장에 가서 라운드를 하려면 누구나 조금은 긴장한다. 거리는 얼마나 될까, 저 벙커는 피할 수 있을까, 티샷은 어디로 보내야 할까. 눈으로만 봐서는 쉽게 잡히지 않는 것들이 많다. 이럴 때 든든한 안내자가 되어 주는 것이 바로 **야디지북**을 만드는 일이다.

야디지북은 코스의 핵심 정보를 담은 작은 핸드북이다. 홀의 거리, 해저드의 위치, 그린의 높낮이와 경사, 공의 흐름 방향까지…. 한 장 한 장 넘기다 보면 마치 **나만의 구장 지도가 생긴 듯 마음이 놓인다.**

일반 골프에서는 2022년부터 공식 대회에서 야디지북 사용이 금지되었지만, 파크골프에서는 아직 제한이 없다. 즉, 내가 직접 만든 야디지북은 새로운 구장에서 전략을 세워 가는 가장 든든한 동반자가 될 수 있다.

활용 요령: 처음 구장을 돌 때는 다양한 샷을 시도하며 잔디의 저항과 공의 흐름을 느껴 본다. 그 경험을 바로 야디지북에 기록해 두면, 다음 라운드에서는 훨씬 전략적인 플레이가 가능하다. 야디지북은 단순한 메모장이 아니고, 오늘의 라운드 경험을 내일의 자신감으로 바꾸어 주는 개인 지도서이자 성장 기록장이다. 즉 코스 위에서 길을 잃지 않도록, 작은 책 속에 지도를 새겨 두는 요령인 셈이다.

금천구장 A홀 상황				
홀	파	거리	방향	그린
A1	4	50~45M	오른쪽 그린뒷 나무	有
A2	3	35~30M	오른쪽 그린뒷 OB말뚝	中
A3	3	36~30M	왼쪽 그린뒤 OB말뚝	中
A4	4	55~55M	오른쪽 그린뒷 OB말뚝	中
A5	4	63~45M	오른쪽 그린뒷 나무	中
A6	4	40~30M	왼쪽 많이 흐름 그린	有
A7	3	35~50M	오른쪽 그린 뒷	中
A8	5	115~60M	60M 식부드럽게 끊이진	中
A9	3	31~35M	오른쪽 1클럽	有
	4	58~58M	오른쪽 2클럽	有

금천구장 B				
홀	파	거리	방향	그린
B1	4	57-50M	가운데나무 왼쪽옆	有
B2	3	34-25M	그린뒤 안전망 왼쪽끝	中
B3	3	40-30M	왼쪽 그린 뒤 OB말뚝	無
B4	4	56-50M	벙커 왼쪽끝 20CM	無
B5	4	60-55M	오른쪽 그린끝오막쪽	中
B6	6	60-55M	약간 오른쪽으로 밀어	無
B7	8	123-80M	오른쪽 1클럽	中
B8	8	35-30M	오른쪽 2클럽	有
B9	4	58-58M	오른쪽 2클럽	有

〈작성 요령〉

① 거리 기록: 홀 표지판을 참고하되, 지형의 높낮이는 +m/-m로 표시한다.

② 흐름 기록: 공이 굴러가는 방향, 티샷 목표 지점, 장애물 위치를 메모한다.

③ 세부 메모: 티박스 방향, 티를 놓을 위치까지 체크하면 불필요한 실수를 줄일 수 있다.

④ 시각 자료: 각 홀에 사진이나 간단한 그림을 추가하면 이해가 쉽다.

축
필 파크골프선수단 승
대구광역시

제4부

마음 근력과 루틴

4부에서는 몸의 기술을 넘어,

마음의 균형을 세우는 내면의 힘을 다룬다.

[10장] 루틴의 힘

루틴은 아직 바로서지 못할 때,
흔들림 속에서 나를 붙잡는 질서다.

1) 루틴이란

루틴은 마음을 훈련하는 과정으로 기술을 자동화하고, 불안과 욕심을 잠재우며 자신감을 깨우는 **내면의 준비 절차**다.

그러므로 루틴이 안정되면 기술도 흔들리지 않는다. 파크골프의 스윙은 몸을 쓰는 기술이지만, 흔들림 없는 플레이는 마음에서 비롯된다. 파크골프는 가만히 놓인 작은 공하나를 치지만, 그 안에는 놀라운 집중력과 섬세한 반복을 요구한다. 공 앞에 서는 그 짧은 순간, 마음이 차분하지 않으면 그 미세한 흔들림이 몸으로 전해지고 결과를 바꿔 놓는다. 예민한 운동일수록 마음이 흔들리지 않아야 함으로 마음 훈련을 하기위한 방법으로 루틴을 만들고 루틴을 지켜가며 마음 훈련을 하게 하는 이유다.

스윙은 힘으로 다스리는 것이 아니라 **질서로 다스리는 예술**이기에 마음이 흔들릴 때도, 루틴은 나를 다시 중심으로 이끌어 세운다. 루틴이 쌓여야 품격 있는 스윙이 완성된다.

2) 루틴과 습관의 차이

루틴(Routine)은 단순한 습관이 아니고, **마음을 정렬시키는 내면의 순서**다. **습관**은 무의식적으로 반복되는 행동인 반면, **루틴**은 의식적으로 순서와 규칙을 정해 실행하는 것이다. 루틴은 내가 나 자신과 약속한 질서의 언어로 처음엔 의식적인 노력이 필요하다.

공 앞에 설 때, 매번 같은 순서로 스탠스를 확인하고, 시선을 고정하며, 호흡을 가다듬는 일련의 동작들로 마음의 질서를 세우는 행위다. 질서가 바로 서면 자신을 집중하게 만들어 외부의 소음이나 바람, 혹은 동반자의 실수에도 쉽게 흔들리지 않아 스윙은 부드러워지고, 마음은 고요해진다. 루틴은 몸이 기억하고 저장됨으로 흔들림 속에서도 나를 바로 세우는 심리적 버팀목이 된다.

3) 루틴의 필요성과 효과

(1) 집중력을 높여 준다

필요한 절차를 밟는 순간 잡념이 사라지고, 오직 샷에만 몰입할 수 있다.

(2) 멘탈을 안정시킨다

실수를 했든, 좋은 샷을 했든 같은 루틴을 반복하면 마음은 다시 평온해진다. 특히 중요한 순간일수록 루틴은 평정심을 지켜 주는 안전장치가 된다.

(3) 자신감을 회복시킨다

루틴은 "나는 준비됐다"라는 무언의 신호다. 몸과 마음이 화합하는 과정을 거치며 저절로 자신감을 되찾는다.

(4) 실수를 교정하기 쉽다

루틴이 있으면 실수의 원인을 금세 알 수 있다. 예컨대 '그립 확인'을 빼먹었다면, 방향이 흔들린 이유가 무엇인지 바로 짚어 낼 수 있다.

(5) 몸과 하나 되는 순간

루틴이 몸에 스며들면 젓가락질하는 것처럼 의식하지 않아도 자연스럽게 나온다. 클럽, 공, 나 자신을 하나로 연결되는 유기적 과정이 곧 루틴의 완성이다.

4) 루틴 만들기

① **목표 설정**: 자신의 수준에 맞는 구체적인 목표를 세운다.
② **행동 계획**: 세부 동작과 순서를 정리한다.(디테일 할수록 정교하다)
③ **실행&조정**: 실행하면서 필요하면 조금씩 보완한다.
④ **순서·시간 준수**: 정한 루틴을 어기지 않고 반복한다.
⑤ **습관화**: 신경 쓰지 않아도 저절로 나올 때까지 유지한다.

루틴은 처음부터 복잡할 필요가 없다. 너무 어렵게 만들면 지키기 힘들고, 결국 포기하기 쉽다. 중요한 것은 "자신의 언어로, 자신만의 방식"으로 만드는 것이다.

5) 루틴, 사람마다 다르다

A골퍼는 티 위에 공을 올리면 늘 같은 순서를 밟는다. 먼저 클럽을 세 번 돌려 쥐며 손의 긴장을 푼다. 공 뒤에 서서 홀컵까지 시선을 길게 잇는다.

숨을 크게 들이마신 뒤 내쉬며 어깨 힘을 의식적으로 내려놓는다. 이 루틴을 거치고 나면, A골퍼는 언제나 "준비됐다"는 마음이 든다. 결과가 좋든 나쁘든, 마음의 안정이 먼저 찾는다.

반면 B골퍼는 조금 다르다. 공을 세팅하고 나면, 늘 동반자에게 농담 한마디를 던진다. 웃음으로 긴장을 풀고 나서야 클럽을 잡는다. 그 후 한 번만 빈스윙을 하고, 바로 샷에 들어간다. 짧지만 자신에게 맞는 방식이 간결하다.

둘의 루틴은 다르지만, 공통점은 하나다. "내 몸과 마음을 불러 모으는 준비 동작"이라는 것. 누구의 루틴이 옳다 그르다의 문제가 아니라, **나에게 맞는 리듬을 찾고 지켜 내는 것이** 핵심이다.

6) 루틴의 완성은 젓가락질이다

어렸을 때 처음 젓가락질하는 법을 배울 때 얼마나 어려웠던가? 그러나 지금은 밥을 먹을 때 젓가락을 쥐며 "엄지와 검지를 이렇게 하고, 중지를 받쳐야지" 하고 일일이 생각하지 않는다. 수천 번 반복한 동작이기에 저절로 손이 움직인다. 루틴이란 바로 이런 것이다.

파크골프에서도 루틴은 처음엔 어색하고 복잡하다. "어깨를 펴고, 무릎을 굽히고, 시선은 공에 고정하고…." 하나하나 점검하느라 긴장되고 순서를 잊기 마련이다. 그러나 이 과정을 꾸준히 반복하다 보면 어느 순간 몸이 스스로 기억을 한다. 루틴은 몸에 각인시키는 의도적 행위인 것이다.

7) 의미 있는 질문을 받다

어느 날, 선배님과 라운드를 하던 중이었다. 내 샷을 한참 지켜보시던 선배님께서 불쑥 물으셨다. "샷을 할 때, 몇 가지를 기억하면서 치나요?" 그 질문을 듣는 순간 나는 머리가 하얘졌다. "몇 가지요?" 하고 되물으며, 급히 떠올려 보니 고작 6~7가지를 억지로 나열할 수 있었다. 선배님은 잠시 미소를 지으시더니 이렇게 말씀하셨다.

"스윙 순서를 디테일하게 정해 놓고 칠수록 실수가 줄어요. 그리고 실수했을 때 교정하기도 훨씬 쉽습니다. 최소한 13가지는 외우고 있어야 스윙이 정교해질 수 있어요." 그 말을 듣는 순간 귀가 번쩍했다. 나는 잘 될 때도 있고, 엉망일 때도 있었지만, 왜 안 되는지 이유를 알지 못한 채 답답해하기만 했던 것이다. 엇박자의 원인을 찾지 못하고 헤매던 나에게, 그 말은 명쾌한 답이 되어 주었다.

사실 나도 대회가 있는 날이면 초조한 나머지 6~7가지 정도는 메모장에 적어 보곤 했지만, 그것을 순서대로, 세밀하고, 치밀하게 지켜본 적은 별로 없었다. 그저 '대충 기억나겠지' 하는 안일한 마음이었다. 선배님의 "몇 가지나 기억하며 치느냐"는 그 단순한 물음이 태풍처럼 내 안을 흔들어 놓았다. 그리고 나는 루틴의 필요성을 비로소 깨닫게 되었다.

돌아보니, 이 6단계조차 매 순간 온전히 지키지 못했다. 나는 '대충 치는 습관'이 몸에 자리 잡고 있었던 것이다. 스윙의 일관성 비밀은 질서 속에서 비롯된다. 순서를 세밀하게 정리하고, 그 질서를 반복해 몸에 새겨 넣을수록 실수는 줄고, 정교함은 높아진다. 그날 선배님의 질문은 "네 샷을 바꾸려면, 먼저 네 루틴부터 바로 세워라. 라는 일침이었다.

내가 해 오던 샷 순서

① **본다**: 공을 놓고 목표 방향을 바라본다.
② **선다**: 공과 목표 지점을 일직선으로 맞추며 자세를 선다.
③ **뺀다**: 천천히 백스윙하며 팔을 뒤로 뺀다.
④ **쉰다**: 백스윙 탑에서 잠시 멈춘다.
⑤ **친다**: 공의 정중앙을 타격한다.
⑥ **뻗다**: 목표 방향으로 팔을 곧게 뻗는다.
⑦ **감는다**: 팔을 자연스럽게 거둬들이며 피니시한다.

---

8) 새로 만든 루틴 18단계

그날 이후 나는 샷의 일관성과 정확도를 높이기 위해, 고민하며 나만의 18단계 루틴을 만들어 봤다. 이 과정을 정리하는 동안 스윙 이론이 머릿속에 체계를 갖추기 시작했고, 머리와 몸이 짝을 이루는 순간을 기대하며 매 라운드에 적용하고 있다.

(1) 준비 단계

① **홀의 위치 파악**: 전체 코스 흐름과 홀컵 위치를 확인한다.
② **페어웨이 상태 점검**: 경사, 잔디 상태, 바람 방향을 살핀다.
③ **티에 공 올리기**: 공과 스텐스 위치를 안정적으로 세팅한다.
④ **거리 계산**: 목표 지점까지의 예상 거리를 측정한다.

(2) 전략 설정

⑤ **방향 잡기**: 다음 샷이 편해지도록 공의 진행 방향을 정한다.
⑥ **가상선 긋기**: 목표 지점까지 공이 지나갈 경로를 머릿속에 그린다.
⑦ **통과 지점 설정**: 가상선 위에서 공이 지나갈 중간 목표 지점을 선택한다.
※ 시야 각도에 따라 거리감이 달라지므로, 정면과 측면에서 모두 확인한다.
⑧ **티박스 방향점검**: 스텐스 전에 티박스가 정면이 아닌 비뚤게 놓여 있는지 위치와 방향 확인.

(3) 어드레스&백스윙

⑨ **어드레스&스탠스**: 발 위치, 무게중심, 클럽 페이스를 정확히 맞춘다.
⑩ **일직선 확인**: 백스윙 시 클럽의 헤드가 공과 통과 지점과 같은 선상에 있는지 확인.
⑪ **백스윙 높이 설정**: 거리 계산에 맞춰 백스윙 크기를 조절한다.

⑫ **탑에서 잠깐 멈추기**: 리듬을 잡고 다운스윙 타이밍 준비.

(4) 다운스윙&임팩트&피니시

⑬ **공만 보기**: 임팩트 전까지 고개를 들지 않는다.

⑭ **다운스윙 경로 확인**: 통과 지점을 향해 스윙 궤도를 맞춘다.

⑮ **왼발·골반·허리 순서 회전**: 하체 리드로 부드럽고 강한 스윙 동작 완성.

⑯ **임팩트 강도 조절**: 거리와 상황에 맞춰 힘을 조절한다.

⑰ **채를 가볍게 던진다**: 힘을 뺀 자연스러운 스윙 마무리.

⑱ **피니쉬 팔을 목표 방향으로 쭉 뻗기**: 방향성과 비거리를 동시에 확보한다.

포인트: 이 18단계는 '머릿속 점검표'이자 '몸의 자동반응'을 위한 설계도다. 처음에는 모든 단계를 의식하며 수행하지만, 반복하다 보면 몸이 스스로 기억한다. 실수가 생기면, 어느 단계에서 놓쳤는지를 되짚어 수정할 수 있어 좋다.

[11장] 마음과 근력

실수는 해결할 수 있어야 고수가 된다

1) 멘탈이 골프에 미치는 영향

골프는 흔히 멘탈 스포츠라 불린다. 잭 니클라우스는 골프의 가장 큰 적은 "눈에 보이는 상대가 아니라, 내 안의 두려움이다"라고 말했다. 스윙을 단단하게 만드는 것도, 흔들리게 하는 것도 결국 마음의 변수에 달려 있다.

연습장에서는 잘 맞던 샷도, 경기장에 서면 달라진다. 그 차이를 만드는 것은 기술이 아니라 마음의 상태로써 비교와 조급함, 불안과 긴장이 스윙을 흔들고, 결국 경기를 무너뜨린다. 마음을 다스리면 몸이 따라오고, 스윙이 안정되면 결과는 자연스럽게 따라온다.

2) 마음에도 근육이 있다

몸의 근육이 생기는 원리는 반복된 자극과 회복으로 강해지듯, 마음 근육도 실패와 성공, 좌절과 다시 일어서는 경험을 통해 단단해진다.

OB를 냈을 때, 짧은 퍼팅을 놓쳤을 때, 누구나 속상하고 흔들린다. 그러나 그 순간을 견디고 한 발 한 발 내딛을 때 마음은 힘을 얻는다. 마음 근력 훈련은 매일 조금씩 내 감정을 알아차리는 연습이 그 시작이다. 마음 근력은 남보다 잘하려는 집착이 아니라, 넘어져도 다시 일어서는 힘이 곧 마음의 근육이다.

3) 멘탈이 강하다는 것

멘탈이 강하다는 것은 감정을 억누르거나 무시하는 힘이 아니다. 짜증, 두려움, 아쉬움 같은 감정은 누구에게나 찾아온다. 멘탈의 힘은 감정을 억누르지 않고 있는 그대로 인식한 뒤, 감정에 휘말리지 않고 한 박자 쉬어 가는 여유다.

앞선 동반자가 OB를 내면 내 공이 짧아지는 이유는 '나도 OB내면 안 되는데~' 하면서 조용하던 마음을 스스로 흔들어 놓는다. 멘탈의 힘이 있을 때는 감정의 출렁임에 휘둘려 경기를 망가뜨리지 않는다. 한 발짝 물러서 바라볼 수 있는 자기 통제력, 그것이 곧 흔들리지 않는 멘탈이다.

4) 멘탈의 힘은 자존감이다

파크골프를 하다 보면 누구나 흔들리는 순간을 맞이한다. 티샷한 공이 벙커에 빠지거나, 퍼팅한 공이 계속 빗나갈 때 마음은 금세 흔들린다. 그럴 때 흔히 "멘탈이 무너졌다"라는 말을 한다. 그러나 멘탈의 그 뿌리는 자존감에 있다.

자존감(Self-Esteem)이란 '나는 가치 있는 사람이다'라는 내면의 자기확신과 그 믿음을 삶 속에서 실천할 수 있는 자기 신뢰를 말한다. "나는 충분히 해낼 수 있다"라는 내면의 믿음뿐만 아니라 실제로 해내는 사람이다. 이 믿음이 단단할수록 실수 앞에서도 자신을 탓하지 않고 다시 일어설 수 있다. 반대로 자존감이 낮으면 작은 실패에도 쉽게 무너지고, "역시 나는 안 돼"라는 자기부정이 다음 샷까지 흔들어 놓는다.

멘탈을 기르는 과정은 곧 자존감을 키우는 과정이다. 루틴을 믿고, 작은 성공을 기록하며, 동반자들의 반복된 응원과 격려 속에서 우리는 자신을 존중하는 힘을 배운다.

5) 자존심과 자존감의 경계에서

응원과 격려는 자존감과 자존심의 영양분이다.

사람은 누구나 자신의 존재 영역을 넓히고 또 자신을 지키고 싶어 한다. 그런 순간에 때로는 '자존심'이, 때로는 '자존감'이 발동한다.

자존심은 누군가에게 잘 보이고 싶은 나다. 무시당하면 상처받고, 인정받으면 살아나는 마음이다. 그래서 자존심은 타인의 시선 속에서 쉽게 흔들린다. 혹시 내가 작아 보일까 하는 두려움, 혹시 내가 인정받지 못할까 하는 불안함이 밑바닥에 있다.

반면 자존감은 조용히 자신을 품고 인정하는 마음이다. 누가 알아주지 않아도, 비록 실패 속에 있더라도 "나는 이대로 괜찮다."고 말할 수 있는 자기 수용의 힘이다. 자존감은 외부의 박수를 기다리지 않는다. 그 대신, 자신에게 보내는 작은 격려와 따뜻한 수용으로 자라난다.

타수가 안 나올 때 창피한 마음이나 남 탓이 먼저 들면 자존심이 앞장선 것이고. 아직도 이 실력밖에 안 되는구나 하며 인정하는 마음은 자존감을 향한 것이다.

자존심이 "내가 옳다"라고 외치는 독소리라면, 자존감은 "그래도 나는 괜찮다"고 자기를 토닥거리며 속삭이는 마음이다. 자존심은 비교 속에서 살아가고, 자존감은 존재 그 자체로 머문다.

삶이 흔들릴 때마다, 나는 스스로에게 묻는다. 지금의 나는 자존심으로 버티는가? 아니면 자존감으로 서 있는가?

6) 경기 중 멘탈 관리

(1) 남 탓, 내 탓 내려놓기

① 핑계를 버린다: "동반자가 떠들어서"와 같은 탓하기를 내려놓는다.

② 자책을 줄인다: "난 안 돼" 같은 자기비난은 스스로를 무너뜨린다.

③ 마음을 인정한다: 결국 흔들린 건 외부가 아니라 내 마음이다.

④ 담담히 받아들인다: 결과를 부정하면 자신과의 싸움이 끝나지 않

는다.

⑤ 집중한다: 오직 지금의 샷에만 집중한다.

(2) 내 마음 코치하기

나는 집중을 유도하기 위해 라운드 중에 스스로에게 말을 건다. "이번 샷은 50미터로 치자. 잔디가 젖었으니 조금 더 힘을 주자", "경사를 감안해 반 컵 오른쪽을 보자." 이런 자기와의 대화는 머릿속 그림과 실제 동작을 맞춰 주고, 감정이 끼어들 틈을 줄여 주는 효과가 있다.

OB가 나면 그냥 "OB가 났네." 버디를 노리다 파로 끝나면 "이만하면 됐다." 파를 노리다 보기가 나와도 "그래도 괜찮다." 이런 자기 위로가 라운드 전체를 무너지지 않게 잘 붙잡아 준다. 결국 스코어카드는 기술의 기록일 뿐만 아니라 내 마음을 얼마나 잘 코치했는가의 기록이기도 하다. 경기가 끝난 후, 꼭 해야 할 중요한 질문이 있다.

"나는 오늘도 마음이랑 사이좋게 잘 지냈느냐?"이다.

(3) 루틴으로 멘탈 자동화

내 샷 순서가 되면, 볼 확인 → 목표지점 확인 → 연습 스윙 한 번에 → 스윙은 순서대로. 이와같은 순서로 준비하면 긴장 상황에서도 몸이 자동으로 움직인다. 루틴 종류를 처음부터 많이 잡으면 복잡해진다 처음엔 루틴순서를 간단하게 정하여 실행하다가. 익숙해지면 루틴을 디테일하게 지정할수록 실수의 영역이 줄어든다.

(4) 마음을 흔들지 마라

파크골프의 승부는 **기술·전략·멘탈의 삼박자**다. 그중 멘탈은 하루아침에 생기지 않는다. 작은 성공을 스스로 칭찬하고, 실수를 담담히 받아들이며, 꾸준히 자신과 대화하는 과정 속에서 길러진다.

OB 한 번에 짜증을 내면 자신의 마음을 마구 흔드는 일이다. 그 감정이 다음 샷까지 파고들어 라운드 전체를 흔든다. 그 순간 필요한 건 기술이 아니라 **마음의 고요함을 지키는 일**이 명상이다.

7) 명상과 고요함

명상은 고요함이다. 이 고요함은 아무 생각이 없는 상태가 아니라,

오히려 모든 것을 더 섬세하게 인지할 수 있는 맑은 의식의 자리다. 소리를 들으면서도 그 소리에 휘둘리지 않고, 생각을 알아차리면서도 그 생각에 끌려가지 않는다. 마음은 고요하지만, 감각은 더욱 깨어 있다.

스윙도 그렇다. '잘 쳐야 한다'는 긴장감, 결과에 대한 집착, 혹은 지난 홀의 실수에 대한 후회가 남아 있으면 몸은 자꾸 정신을 차리려 애쓰며 긴장하고 경직된다. 마음을 바꿔 마음이 고요한 상태가 되면, 몸은 불필요한 힘과 군더더기가 빠져나간다. 그후 스윙은 자유로운 날갯짓으로 바뀐다.

8) 내공의 힘

포기하면 하수다. 내공을 쌓는 중!!!

(1) 내공을 쌓는 일

멘탈이 강하다 함은 어떤 상황에서도 침착하게 대응하는 능력이다. 멘탈을 단련한다는 것은 마음을 통제하는 기술이며, 이 기술이 깊어질수록 우리는 "내공이 쌓였다"라고 말한다.

같은 일을 오래 계속한다는 것은 단조롭고 재미가 없는 일이다. 그러나 연습과 경험을 반복하며 인내로 극복하면 내공이 쌓이고 스스로 노하우를 터득하게 된다.

가수 송창식씨는 음악적 재능을 타고난 천재지만 가만히 있으면 실력이 준다며 70대 후반의 그 나이에 지금도 꾸준히 연습한다는 말이 내게 진한 감동을 주었다.

가수 나훈아씨도 한 인터뷰에서 자기가 하는 일은 끊임없는 반복적 연습이라며 공연 전 8시간 동안 리허설을 한다고 했다.

'쿨'이라는 그룹의 가수 이재훈은 속칭 '끼'가 있어 어린 시절에도 롯데월드에서 하는 댄스대회에 출전해서 상을 받았다. 그때 소년이었던 이재훈이 하던 말이 지금도 생생하게 마음속에서 메아리 치게 만든다. "노래 하나를 천 번 부를 수 있어요? 아마 지겨워서 백 번도 못할 걸요. 그렇지만 나는 천 번씩 연습해요. 그리고 댄스도 밤을 새서 연습을 하면 하룻밤에 운동화 바닥이 다 닳아 없어져요"라고 했단다.

조갑제 선생님은 작가가 되려는 사람에게 "다른 사람이 쓴 글을 많이 읽으라"고 했다. 그리고 원고지를 너의 키만큼 글 쓰는 연습을 하라고 했다. 그러면서 단번에 좋은 글을 쓸 욕심을 가지지 말고, 자기 키만큼

원고지를 쓰고 또 쓰다 보면 어느 날 좋은 글이 나온다고 알려 주셨다.

내공은 그저 타고난 것이 아니며 끊임없는 연습으로 이루어지는 것 같다. 파크골프가 처음엔 단순하고 쉽게 보인다. 그러나 하면 할수록 많은 연습과 노력이 있어야 내가 원하는 방향과 거리를 다룰 수 있겠구나 하는 생각이 든다.

원고지를 자기 키만큼은 쓰라고 했던 조갑제 선생님이나 노래 한 곡을 1000번씩 부르고, 하룻밤 사이에 운동화가 다 헤지도록 댄스 연습을 하고. 리허설을 대여섯 시간씩 하는 유명가수들의 그 열정은 자신을 온전히 불태웠고, 그만큼 온 몸을 던졌기에 그들의 내공은 쌓여갔구나 싶다. 멈추면 하수가 된다는 그 말이 나를 다시 일으켜 세운다.

(2) 결핍은 열정을 부르는 씨앗이다

무언가를 간절히 얻고자 하는 욕구는 결핍에서부터 시작한다. 욕구가 생겼다는 것은 무엇인가 부족함을 느끼고 채우고자 하는 또 다른 신호다. 배가 부를 때는 식욕이 생기지 않듯, 결핍을 인식해야 욕구를 충족하려는 의지가 생긴다. 우리는 예전부터 결핍을 '가난'으로만 인식했고, 가난이 부끄럽고 불행한 것으로 여겼다.

하지만 이제 생각해 보면, 부족함은 내적 동기를 일으키는 지표였다. 결핍을 느끼는 순간이야말로 더 나은 삶으로 가고자 하는 욕구의 길목이었음을 깨닫게 한다.

결핍을 느낀 사람만이 욕구를 채우기 위한 동기부여를 찾게 되고, 이

동기부여가 목표를 세우는 기둥역할을 한다. 그리고 목표를 향해 직진하는 적극적 행위를 우리는 **열정**이라 부른다. 오히려 결핍은 열정의 씨앗이 되고, 목표를 향하는 힘이 된다.

(3) 경험은 실력을 키운다

우리가 살면서 낯선 상황에 직면했을 때, 뇌 속에는 빠르게 스치는 두 가지 질문이 있다. "이것을 할 수 있느냐?", "아니면 못 하느냐?" 이 순간 과거에 비슷한 일을 해 본 경험이 있다면, 자신감은 즉시 고개를 든다. 반대로 회피했거나 실패했던 경험이 떠오르면, 자신감은 고개를 숙인다.

결국 경험의 유무가 일의 시작과 결과를 좌우한다. 성공한 경험이 있는 사람은 시작부터 마음가짐이 다르고, 그 차이로 인해 도전과 성패를 가른다. 자신감이 있는 골퍼는 실수 후에도 멘탈이 무너지지 않는다. "괜찮아, 다음 홀에서 만회하면 돼"라는 넉넉한 마음가짐이 가능해진다.

(4) 실력은 자신감에서 나온다

실수가 반복되면 자신감은 쉽게 무너진다. 반대로, 실력이 뒷받침된다면 자신감은 흔들리지 않는다. 목표를 세우고 그것을 달성했을 때 느끼는 뿌듯함은 성취감이다. 이 성취감이 자신감을 키우는 원재료가 된다. 자기 성취감은 곧 자기 효능감을 키우고, 그 효능감은 다시 자신감을 불러와 열정을 자극한다.

연습이 경험을 만들고, 경험은 성취감을 낳으며, 성취감은 실력을 완성하듯이 이 선순환의 고리를 터득한 사람에게는 두려움도, 불안도 설 자리가 없다. 결국 실력은 자신감에서 나오고, 자신감은 또다시 도전할 열정을 자극해 주는 **순환** 구조 역할을 한다.

파크골프장 내
반려동물 동반
출입금지
NO PETS

제5부

파크골프, 즐겨야 즐겁다

5부에서는 "파크골프라는 도구를 통해" 자연과 교류하고,

동반자들과 소통하며 즐기는 방법들을 모색한다.

[12장] 동반자

1) 라운드의 꽃 동반자

파크골프장에서 라운드를 함께하는 사람들을 동반자라고 부른다. 파크골프는 기본적으로 4명이 한 조를 이루기 때문에, 동반자 4명은 경기의 필수 조건이다. 이때 누구와 함께 걷고, 무엇을 나누며, 어떤 순간을 공감했는가이다. 같은 코스를 걸으며 나누는 짧은 대화, 실수했을 때의 위로 한점, 좋은 샷에 함께 터져 나오는 박수 소리가 어울려 라운드는 꽃을 피운다.

어떤 동반자와 함께하느냐에 따라 라운드의 분위기가 완전히 달라진다. 좋은 동반자는 나의 거울이자 스승이며, 때로는 가장 든든한 응원자다. 그들의 한마디 칭찬에서 용기를 얻고, 그들의 실수를 보며 나를 돌아본다. 웃음이 많은 사람, 매너가 좋은 사람과 함께라면 하루가 즐겁다. 반대로 짜증을 내거나 예의, 매너 없는 사람과 함께라면, 공이 아무리 잘 맞아도 마음은 편치 않다.

사람마다 파크골프를 즐기는 목적은 조금씩 다르다. 하지만 결국은 "누구와 함께했는가"에서 그날의 즐거움은 결정된다. 많은 골퍼들도 공도 잘 치고, 성격 좋고, 유머 감각까지 갖춘 동반자를 선호한다. 물론 그런 '완벽한' 동반자는 드물다. 그래서 시작 전 보이지 않는 동반자 쟁탈전이 벌어지기도 한다.

하지만 생각해 보자. "좋은 동반자를 찾는 것보다, 내가 좋은 동반자가 되는 것이 더 빠른 길이 아닐까?"라고 권유를 해 본다.

2) 관계와 질서

파크골프를 하다 보면 다양한 사람들을 만나고, 다양한 계층의 사람들과 교류하며 서로 다른 집단의 질서를 경험하게 된다. 하나의 집단

안에는 법, 규칙, 에티켓, 그리고 매너가 서로 얽혀 그 문화에 맞는 질서를 만들어 낸다.

법은 사회 전체가 지켜야 할 기본 규범으로 이를 어기면 처벌이 따른다. **규칙**은 특정 집단이나 경기 안에서의 약속으로, 이를 위반하면 벌타나 실격으로 이어진다. 법이 사회의 큰 울타리라면, 규칙은 경기의 울타리라 할 수 있다. 하지만 파크골프의 관계 질서는 단순히 규칙 준수로 완성되지 않는다. 그 안에는 **에티켓과 매너**라는 따뜻한 온기가 필요하다. 말 한마디, 몸짓 하나에도 상대를 존중하는 마음이 담길 때, 경기장은 따뜻한 인간관계가 춤추는 무도장이 된다.

3) 에티켓과 매너의 차이

에티켓은 약속이고, 매너는 품격이다. 즉 에티켓은 "무엇을 어떻게 해야 하는가"에 대한 약속이다. 매너는 "어떻게 해야 좋은지에 대해"배려하는 마음이 깔려 있다.

예를 들어, 화장실 문을 열기 전 노크하는 것은 에티켓이다. 문을 조심스레 두드리느냐, 쿵쿵 두드리느냐는 매너의 차이다. 파크골프장에서도 마찬가지다. 동반자가 샷을 준비할 때, 샷 가까이 서 있지 않는 것은 에티켓이고, 그의 시야에 걸리지 않도록 2시나 7시 방향으로 조용히 서 주는 것은 매너다.

본인이 티샷 후 흩어진 티를 제자리에 가져다 놓는 것은 에티켓이고,

남이 흘린 티를 가지런히 정리하는 것은 매너다. 즉 에티켓을 모르면 무식한 사람이고, 매너를 모르면 무례한 사람이다. 규칙이 질서를 세우고, 에티켓이 약속이라면, 매너는 그 위에 피어나는 아름다운 배려의 또 다른 이름이다.

4) 고수다운 동반자

라운드의 꽃은 동반자와 함께 걷고, 함께 웃고, 때로는 작은 실수를 보듬어주는 사람이 있기에 파크골프는 더욱 즐겁다. 하지만 모든 순간의 길이 꽃길만은 아니다. 사회적 관계에는 늘 **법, 규칙, 에티켓, 매너**가 함께 존재한다. 이 네 가지가 어우러질 때 비로소 원만한 관계의 질서가 만들어진다.

가끔 동반자가 매너를 모르거나 에티켓을 어길 때가 있다. 이럴 때 질서가 흐트러지고, 분위기가 삐걱거리기도 한다. 성격이 급한 사람은 그 자리에서 바로 에티켓이나 매너를 지적하기도 한다. 그 순간, 관계는 어색해진다. 때로는 매너와 에티켓을 '무기'처럼 휘두르며 다투는 경우도 있다. 하지만 본래 에티켓과 매너란 서로를 죄인으로 묶는 끈이 아니라, 서로를 더 좋은 관계로 이어 주기 위해 만들어진 따뜻한 테두리임을 잊지 말아야 한다.

제3자가 볼 때에, 매너나 에티켓을 앞세워 얼굴을 찌푸리며 지적하고 가르치려 드는 모습은 결코 좋은 매너가 아니다. 진짜 **고수다운 동**

반자란 상대의 부족함을 가르치려 들지 않고, 그가 스스로 깨달을 때까지 기다려주는 사람이다. 말보다 태도로, 지적보다 여유로 보여 주는 사람이 진짜 매너고수다.

만약에 동반자의 매너 없는 행동에 내가 민감해진다면, 그건 상대가 아닌 내 멘탈이 흔들리고 있다는 신호다. 이때 상대를 바꾸려 하기보다, 내 마음을 다스리는 기회로 삼는 것이 자기에게 유익한 '멘탈 관리 지침'이 될 수 있다.

5) 라운드 예절

(1) 준비의 예절

라운드의 시작은 경기 20분 전에 도착한다. 일찍 도착해 몸을 풀고,

동반자와 반갑게 인사를 나누는 것만으로도 분위기는 한결 따뜻해진다. 초면이라면 서로 이름을 나누고, 호칭은 가장 무난한 "○○씨, ○○님"으로 시작하면 낯섦을 한결 누그러뜨린다.

(2) 흐름의 예절

라운드는 혼자만의 무대가 아니다. 하나의 홀을 중심으로 네 사람이, 그리고 수십 팀이 함께 움직이는 **공동의 리듬열차**다. 한 홀에 4명씩, 18홀 전체에 72명이 마치 컨베이어 벨트처럼 연결되어 돌아간다. 내가 잠시 지체하면, 그 흐름 전체가 늦어진다.

내 차례가 오기 전에 장갑을 끼고, 공을 준비하는 것은 기본이다. 세컨샷 이후에는 홀과 먼 쪽의 공을 먼저 치는 것이 원칙이므로, 내 공 앞으로 이동하며 자신의 순서를 챙기는 것이 흐름을 지키는 첫걸음이다.

OB로 공이 사라졌다면, 함께 찾아 주는 것이 동반자에 대한 예의이고, 여분의 공은 준비해 두는 것은 시간에 대한 배려다. 특히 뒤 팀이 기다리지 않도록 플레이 속도를 유지하는 것은 라운드 품격을 결정짓는 중요한 매너다.

가끔 라운드 지체로 인해 뒤따르는 팀에 피해가 발생할 수 있다. 두 개 홀 이상의 간격을 벌리는 팀에는 2벌타를 불과한다. 이는 원활한 진행을 방해하지 말고 함께하는 리듬을 존중하자는 경고장이다. 라운드의 진정한 품격은 **흐름을 배려하는 태도**에서 완성된다.

(3) 그린 위의 예절

그린에서는 더 조심스럽다. 동반자의 퍼팅 라인을 밟지 말고, 그림자를 드리우지 말자. 방금 수십 명이 밟고 지나간 자리일지라도, 동반자가 보는 앞에서 동반자가 그린을 밟으면 괜히 마음이 쓰이는 법이다. 마크는 상대방이 요청할 때만 하고, 동반자 모두가 퍼팅을 마칠 때까지 조용히 자리를 지킨다.

(4) 라운드 밖의 예절

경기전 후 차량으로 이동 시에는 약속된 시간보다 5분 먼저 도착하는 것이 기본 예의다. 교통비는 유류비와 통행료를 합산해 1/n, 식사비와 간식비도 가급적 1/n로 나누는 것이 깔끔하다. 이런 작은 습관이 동행자를 편안하게 만들고, 코스 밖에서도 좋은 사람으로 기억되게 한다. 공을 잘 치는 사람보다, 함께 있고 싶은 사람이 되는 것이 라운드의 마지막 예절이자 진짜 실력자이다.

6) 호칭이 주는 의미

파크골프구장에서는 새로운 동반자를 만나는 기회가 많이 생긴다. 첫 인사 후 자연스럽게 통성명을 나누게 된다. 대부분은 '○○씨', '○○님' 같은 일반적인 호칭이 무난하지만, 때로는 이름 대신 다른 호칭을 쓰기도 한다. 호칭에 따라 '형님'이나 '누님'이라고 부르면 금세 친근

한 분위기가 형성되고, '선생님', '선배님'이라 부르면 자연스레 존중과 배움의 기운이 흐른다. 누군가가 호칭을 선택하여 당신에게 건네는 일은, "이런 관계로 이어가고 싶다"는 일종의 청원이며 마음의 선물이다.

호칭은 일종의 청원이며 마음의 선물이다.

재미있는 점은 상대방이 준 호칭을 받아들이는 순간 사람들은 그 호칭에 걸맞은 역할을 하려는 자신을 발견한다는 것이다. 누군가 나를 '선배님'이라 부르면 나도 모르게 후배를 챙기고 돕는 마음이 생기고, '아줌마', '아저씨'라고 부르면 자연스레 정겨운 생활의 대화 물결이 번진다. 호칭이 정해지는 순간은 서로의 관계를 묵언으로 수락하고 역할을 받아들이는 일종의 '계약'과도 같다.

때로는 마음에 들지 않는 호칭을 받을 때도 있다. 그럴 때는 마치 내게 맞지 않는 옷을 입은 듯 불편하다. 즉, 그 이름값이 부담스럽다는 뜻이다. 이럴 땐 솔직하게 뜻을 전하고 서로에게 잘 어울리는 호칭을 찾아보는 것이 좋다.

호칭이 주는 의미는 관계의 시작이며, 그 관계의 색깔과 역할이 자연스럽게 정해지는 과정이다. 혈육 간의 호칭은 태어날 때부터 주어지는 것과 달리, 사회적 관계의 호칭은 서로가 함께 약속으로 맺어지는 연결고리다.

7) 응원과 격려는 센스다

동반자가 샷을 할 때, 조용하게 지켜보다가 좋은 샷이 나오면 "Good shot 굿샷!", "Nice 나이스." 또는 조금 아쉬운 샷을 하더라도 "Not bad." OB가 나거나 잘못 나간 볼이 아쉬울 때도 "아깝다! 괜찮아!"로 격려해

주면 경기장 분위기도 좋아지고 서로 간의 경계심이 사라진다. 듣는 골퍼는 내 샷에 관심을 갖고 있구나 싶어 고맙고 든든하다. "굿샷!", "나이스샷!", "나이스온!"이라고 외쳐 주는 말 한마디가 상대방을 격려하고 당신의 플레이를 관심 있게 보고 있으며 잘하기를 응원한다는 마음의 표현이다. 그린에 올렸을 때는 "Nice On 나이스온!"이라고 말해 주는 것도 잊지 말자.

① 나이스샷!: 라운드를 햇살처럼 비춰주는 한마디
② 굿샷!: 관심있게 지켜보고 있다는 예의와 격려의 표현
③ 아까비~: 실수를 격려로 바꿔 주는 따뜻한 위로 한 접시
④ 낫배드~: 속상함 30%, 위로 70%가 담긴 황금 비율 멘트

이런 응원의 말이 상대방에게 위해 주는 말 같지만 결국은 자신의 마음을 넓혀 가는 지름길이다. 이렇게 후하게 격려하고 응원하는 마음을 쉽게 내보이지 못한다면 내 마음의 문이 굳게 닫혀 있다는 증거다. 처음에는 어색하더라도 자주 해야 자연스러워진다. 내 마음을 여는 연습 또한 골프 연습만큼 중요하다.

8) 멀리건(Mulligan)과 컨시드(Concede)

파크골프나 일반골프를 하다 보면 '실수'는 피할 수 없다. 특히 티샷에서 첫 샷을 실패했을 때는 황당하고 당황스럽다. 이때 동반자들이

"한 번 더 해 봐!"라며 기회를 주는 것이 바로 멀리건(Mulligan)이다.

멀리건은 규칙이라기 보다 동반자들의 배려다. 기회를 받은 이는 고마움을 느끼고, 베푼 이는 넉넉함을 표현하는 것이다. 주의할 점은 멀리건 사용은 최초의 티샷에만 적용되며, 공식 시합이 아닌 친선 경기에서만 허용된다.

또 다른 컨시드(Concede)가 있다. 상대방의 공이 홀컵 바로 앞에 멈춰 있어 다음 샷에서 굳이 퍼트를 하지 않아도 들어갈 것이 분명할 때, 동반자가 "OK"의 의미로 컨시드를 선언하는 것이다. 이는 단순히 시간 절약 차원이 아니라, 상대의 퍼트 실력을 쿨하게 인정해 주는 **칭찬의 표현**이기도 하다.

이렇듯 멀리건과 컨시드는 단순한 규칙을 넘어 **사람들의 마음씀씀이**가 담겨 있다. 받는 사람은 감사함을, 주는 사람은 배려와 여유를 나눈다. 혹시 '당신은 동반자들에게 멀리건과 컨시드를 자주 허용하는가?'라는 질문을 던져 볼 수 있는 **내면 성찰의 기회**가 된다.

단, 한 가지 주의할 점이 있다. 공식 대회나 경기 중에는 멀리건도 없고 컨시드도 없다. 상대방이 "OK"를 준다고 해도 본인이 끝까지 홀인하지 않고 공을 집어 올리면, 이는 규칙 위반으로 2벌타가 부과된다. **경기에서는 규칙을, 친선에서는 배려를** 중시해야 한다는 사실을 잊지 말아야 한다.

9) 내기 골프에 대하여

내기 골프는 경기에 긴장감과 박진감을 더해 준다. 작은 금액이라도 걸리면 한 샷, 한 샷에 온 마음이 쏠리고, 승부욕은 자연스레 살아난다. 때로는 그 집중력이 실력을 끌어올리는 계기가 되기도 한다.

하지만 잊지 말아야 할 것이 있다. **내기의 본질은 '경기를 더 즐겁게 하기 위한 장치'일 뿐**이라는 사실이다. 승부에 지나치게 몰입하면 웃음은 사라지고, 남는 것은 스트레스뿐이다.

특히 내기를 할 때는 몇 가지 유의할 점이 있다. 과도한 금액은 경쟁심을 자극하고, 사소한 말 한마디, 표정 하나가 관계를 어긋나게 할 수 있다. 이겼다고 자랑하거나, 졌다고 불만을 토로하는 순간 게임의 즐거움은 빛을 잃는다.

내기 골프는 잘 활용하면 경기에 긴장감과 재미를 더해 주는 '양념'이지만, 그 선을 넘는 순간, 우정은 상처받고 마음의 여유는 사라진다.

(1) 내기 골프의 에티켓

① 동기부여로 삼자: 내기는 집중력을 높이고 경기를 진지하게 만드는 계기가 되어야 한다.

② 친교의 범위 안에서: 승부보다 우정을 지키는 것이 우선이다.

③ 조건은 합의로: 타수가 비슷한 동반자들끼리, 모두 동의했을 때만 진행한다.

④ 규칙은 준수: 어디까지나 스포츠의 내기여야지, 노름으로 변질되어서는 안 된다.

(2) 지켜야 할 사항

① 액수는 잃어도 부담 없는 수준으로 정한다.

② 잃더라도 끝까지 웃을 수 있어야 한다.

③ 이겼다고 돈을 땄다고 해서 자랑하지 않는다.

④ 경기를 마치면 딴 돈을 돌려주는 것도 뒷말을 줄이는 지혜다.

⑤ 내기 골프는 재미를 더하는 양념일 뿐, 본질이 되어서는 안 된다.

10) 동행자들의 마음

그도 나와 똑같이, 배려를 하면 할수록 마음의 거리가 가까워진다.

그도 나와 똑같이, 기대를 줄일수록 함께하는 자리가 한결 편안해진다. 그도 나와 똑같이, 불만을 찾으면 불만만 보이고, 감사를 헤아리면 불만은 힘을 잃는다. 그도 나와 똑같이, 예의를 지키려는 마음 하나로 조금씩은 더 따뜻한 사람이 되어 간다.

[13장] 통하는 즐거움

이른 아침 파크골프장은 사람들의 웃음소리보다 새소리가 먼저 들린다. 바람은 부드럽고 마음은 상쾌하다. 잔디 위의 이슬, 나뭇가지를 흔드는 바람, 밝게 떠오르는 아침 햇살까지도 나에게 말을 건넨다. 지금을 즐겨 보라고~~

어느 날 나는 골프장에서 매 순간 순간이 '교류의 연속'이라는 것을 실감하게 되었다. 하던 일을 잠시 멈추고, 숨을 깊게 들여 마셔 보자. 상쾌한 공기가 내 몸으로 들어와 구석구석 환기되는 느낌을 느껴 본 적이 있는가?

1) 교류의 의미

인간은 사회적 존재로 서로 어울리고, 소통하며, 교류 속에서 삶의 맛과 온기를 느낀다. 사람은 어떤 대상과 소통하는 폭만큼 세상이 넓어지고, 서로 통하는 깊이만큼 신뢰를 키워 간다. 그렇게 쌓인 신뢰는 서로를 의지하게 하고, 편안한 관계로 이어진다. 사람의 마음과 '잘 통한다'는 것은 결코 쉽게 이루어지지 않는다. 그 과정에는 이해하려는 수고와 기다림, 그리고 끊임없는 배려와 노력이 필요하다.

2) 골프에서 다양한 맛

스윙을 할 때 우리는 몸과 마음을 한데 모아 샷에 집중한다. 정타에 맞은 공이 힘차게 날아가는 순간, 가슴으로 오는 통쾌함과 짜릿을 느낀다. 그 기분은 오직 순간에 완전히 몰입할 때만 맛볼 수 있는 특별한 즐거움이다.

클럽이 공을 때리는 경쾌한 소리도, 휘리릭 날아가는 궤적도, 그리고 공이 홀컵으로 빨려 들어가는 장면들, 이 모든 것이 모여 골프라는 맛을 빚어 낸다.

시원하게 뻗어 나가는 샷을 보면서 내가 함께 날아오르는 듯한 자유를 느끼고, 먼 거리 세컨샷이 홀컵으로 빨려 들어갈 때는 가슴이 벅차오른다. 뜻밖의 홀인원은 구장을 단숨에 축제의 장으로 바꾸고, 실수조차 웃음으로 바뀌는 마음은 또 다른 즐거움이 된다.

그 즐거움의 느낌은 골퍼들에 따라 조금씩 달라진다. 초보자는 공을 맞히는 것만으로도 신이 나고, 중수는 샷에서 오는 손맛을 즐긴다. 골퍼들이 이 짜릿한 손맛을 본 사람들은 느낌의 경지에 이른 골퍼임이 분명하다.

어떤 이는 타수를 줄이며 성취감을 얻는 사람도 있고, 순간의 쾌감과 스릴을 맛있게 즐기는 사람도 있다. 각자가 느끼는 감정의 맛은 골프가 건네는 고유한 메시지들이다.

3) 집중력과 소통

끝까지 집중하자. 집중!

스윙이나 샷이 제대로 되지 않을 때, 우리는 흔히 "집중력이 부족했다"라고 한다. 그 말 속에는 집중력이 흐트러졌다는 것은 곧, 내가 하려는 샷이 도구와 호흡을 맞추지 못한 채 일방적으로 휘둘러졌다는 증거다.

공을 보지 못하고, 리듬을 놓치고, 정타를 맞히지 못하는 이유는 **몸·공·클럽**의 삼박자가 어긋났기 때문이다. 즉, 나와 도구 사이의 소통이 끊어진 상태로 일방적이었음의 고백이다. 집중력이란 모든 에너지를 하나로 모아 자신을 통일시키는 작업의 일종으로 집중은 무엇과 무엇을 연결해 주는 소통 역할을 한다.

4) 도구와의 소통

파크골프를 단순히 기술의 경기로만 본다면, 클럽과 공은 그저 하나의 도구에 불과하다. 그러나 골퍼가 공과 클럽, 그리고 필드와 자신까지를 '교류의 대상'으로 인식하는 순간, 경기는 전혀 다른 차원의 즐거움으로 확장된다. 도구를 소홀히 대하면 경기도 흐트러진다. 그러나 클럽을 예우하는 태도는 경기 자체에 대한 예의이며, 곧 나 자신을 존중하는 마음의 표현이기도 하다.

새로운 클럽을 처음 쥐는 일은 낯선 사람과 악수하는 것과 같다. 그립을 잡는 손끝에 일체감이 생길 때, 비로소 '소통'이 이루어진다. 클럽의 무게, 스윙의 속도, 헤드의 각도—이 모든 미묘한 감각들이 나와 도구가 서로 말을 주고받는 언어가 된다. 손맛을 익히고, 무게와 균형을 느끼며, 도구를 존중하는 순간 교류는 시작된다.

새 클럽이 어색하게 느껴지는 이유는 아직 서로를 모르는 낯선 관계이기 때문이다. 사람을 처음 만날 때처럼 통성명하듯, 그립을 잡고, 무게를 느끼며, 서로의 리듬을 알아가는 시간이 바로 '도구와의 대화'다. 그 순간, 스윙은 단순한 동작이 아니라 '나와 도구가 함께 나누는 대화'가 된다.

5) 몸으로 소통하기

나를 떠난 공!! "나처럼 이쪽으로 휘어져야 해!!"라며 온 몸으로 시범을 보인다.

파크골프를 칠 때, 신체는 매우 중요한 역할을 한다. 스윙을 하기 위해서는 몸의 각 부위가 조화롭게 움직여야 한다. 팔꿈치, 손목, 하체 등 여러 부위가 정확하게 움직여야만 효율적인 샷이 가능해지기 때문이다. 이때 몸은 클럽을 다루는 '매개체'로 작용하고, 몸의 감각을 통해 스윙의 타이밍과 힘을 조절하게 된다.

이 뜻은 스윙이나 샷도 하나의 기술적 측면에서만 강조할 것이 아니고 자신의 몸과 대화가 이루어져야 안정된 스윙이 발휘한다. 신체와 도구는 몸을 떠난 공이 빗나가고 있음을 알아차린다. 공이 휘어져 다른 곳으로 흘러갈 때면 아니야!! 나처럼 이쪽으로~~ 라며 몸과 마음은 애를 태우며 무의식적으로 반응한다. 몸이 보내는 작은 신호에 귀 기울일 때, 몸은 생각보다 많은 것을 알고 있다. 피곤할 땐 쉬라는 신호를 보내고, 균형을 잃으면 다시 중심을 잡으려 한다.

6) 나 자신과 소통하기

긴장한 나머지, 첫 홀에서 친 공이 엉뚱한 곳으로 날아갔다. "나 왜 이렇게 못 하지…." 하고 자책하려던 순간, 내 안에서 또 다른 목소리가 들려왔다. "괜찮아, 잘 생각해 봐! 그렇게 하면 안 된다고 알려 준 거야." 그 말을 듣는 순간, 맞아! 이어서 "괜찮아, 다음 홀에서는 천천히 하면 돼." 이 한마디가 내 멘탈을 지켜 준다.

한 번은 마음이 조급해져 연속으로 미스를 했다. "왜 이러지? 오늘은 운이 안 따라 주네…." 하고 한탄하던 그때, 또 다른 목소리가 속삭였다. "천천히 해. 남의 타수 신경 쓰지 말고, 네 리듬대로 해!" 아하! 알았어!! 심호흡을 하고 천천히 샷을 준비했다. 공은 곧게 날아갔고, 드디어 내 페이스를 찾았다. 자신을 자책하면 내면의 아이는 숨어 버린다. 하지만 작은 성취에도 기뻐하고, 내면의 소리에 귀 기울일 때 비로소 마음이 열린다.

마음이 열릴 때 내면의 맛을 더 깊게 느낄 수 있다는 사실을 알게 해 준다.

7) 치매 예방에 좋은 골프치기

마음과의 대화는 과학적으로 들여다보면 일종의 뇌 운동에 속한다. 우리는 하루에도 수없이 자신과 대화를 나눈다. "오늘은 뭐할까?", ○○한테 전화하는 것 잊지 말자. 오늘은 왜 이렇게 피곤하지? "괜찮아, 다시 해 봐." 등등 이런 자기와의 소곤거림은 마음과의 대화로서 그 순간 뇌가 움직인다는 신호이다.

뇌과학자들은 말한다. 책을 읽거나, 새로운 기술을 배우거나, 스스로에게 말을 거는 행위 자체가 신경세포를 자극하고 뇌 회로를 단련한다고. 이 원리는 마치 운동을 하면 근육이 단단해지듯, 뇌도 쓰면 쓰는 만큼 건강해지는 원리와 같다, 규칙 있는 게임은 뇌를 위한 체조를 하는 것라고 한다. 치매 예방 차원에서 고스톱이나 바둑, 장기를 권하는 이유도 여기에 있다. 단순한 오락 같지만 '판을 읽고, 경우의 수를 계산하고, 상대를 예측하는' 과정은 뇌 전체가 활발히 움직이기 때문이다.

파크골프 또한 다르지 않다. 공 앞에 서서 코스를 읽고, 바람을 느끼고, 지난 샷을 떠올리며 마음을 다잡는 순간, 우리는 이미 뇌를 훈련하고 있다. "이번에는 힘을 좀 빼자", "그린은 오른쪽으로 기울어 있네"라는 자기와의 대화는 곧 뇌의 신경망을 깨우는 운동이다.

내 자신이 나누는 대화가 긍정적일수록 뇌는 더 건강해지고, 삶은 더 활기차진다. 자기만의 하루의 작은 르틴, 집중된 스윙, 자기와의 대화가 뇌를 활성화시켜 준다는 사실이다. 그럼으로 파크골프는 자기도 모르는 사이에 이미 뇌훈련을 하고 있다는 사실이 놀랍다.

라운드할 때도 유심히 그리고 열심히 뇌 훈련을 하자.

① 샷 전에 공 앞에 서서 스스로에게 물어보기

② 자신의 타수 기억하고 합산하기

③ 거리를 예상하고 실제 거리를 비교하기

④ 지난 경험 떠올리기

⑤ 새로운 코스에 도전하기

8) 대략난감

노을 파크골프장을 처음 방문하는 친구들을 위해 오늘은 내가 가이드를 자처했다. 새벽에 내리는 비가 걱정됐지만 다행히 취소 문자는 오지 않았고, 입장 시간이 되자 비도 그쳤다. 상쾌한 바람까지 불어오니, 친구들은 연신 감탄사를 터뜨렸다. “와, 너무 좋다!” “고마워!” 처음 온 친구들의 반응에 나도 덩달아 기분이 좋다.

우리들은 흥분 반 조심 반으로 라운드를 시작했다. A6번 홀에서 티샷한 내 주홍색 공이 홀컵 가까이 붙었다. “앗싸!” 순간 버디를 잡을 기대에 기분이 좋았다. 그런데 갑자기 반대편에서 연세 지긋한 어르신이 6번홀로 들어오시더니, 내 공을 집어 들고 가신다. 어? “저 어르신, 그 공은 제 공인데요.” 하고 내가 조심스레 말씀드리자, “이 공이 내 미즈노 건데, 이게 왜 당신 공이야?” 하시며 주홍색 공을 내 얼굴 앞으로 들이대신다. 순간 나도 헷갈렸다.

마침 동반자가 풀숲에서 노란 공을 하나 주워 오자, '혹시 내 공이 노란색이었나?' 잠시 혼란이 왔다. 하지만 동반자들이 입을 모아, "아니에요. 이 친구 공은 주홍색 공이 맞아요. 이 노란색 공이 어르신 공이예요." 그럼에도 어르신은 자신의 생각을 바꾸지 않으셨다. "내 공은 미즈노라니까!" 하시며 급기야 목소리를 높인다. "이 공이 내 공 맞다니까 이것들이 떼거지로 억지를 부리네!" 하신다.

이를 어쩐담! 이럴 땐 대략난감이다. 지금 이 상황에서 사실을 밝히는 것이 아무 의미가 없다. 친구들은 더는 말하지 말자는 뜻으로 자기 손으로 입을 막는 시늉을 한다. 동반자들이 재빨리 나서서 "저희가 착각했네요. 죄송합니다."한다. 나도 얼른 거들었다. "어르신, 제가 헷갈렸습니다. 노여움 푸세요." 그제야 어르신은 돌아서 가셨다. 우리는 서로의 눈빛으로 합의를 한 셈이다. 그 노란 공도 아주 새 공이었다. 아마 그분이 애지중지하며 처음 쓰시는 소중한 공이었을 것이다.

나이 듦에 누구에게나 '깜빡증'은 찾아온다. 우리 역시 언젠가는 비슷한 착각을 할지 모른다. 그때는 사실 여부를 따지기보다 착각 속에 있는 그분의 마음을 존중하는 것이 더 큰 배려일 것이다. 누군가 착각 속에 있을 때는 '지금은 불통 중'이라는 표시다, 그 불통을 억지로 밝히려 하기보다는 불통임을 알아차리고, 착각을 존중하는 것이 또 다른 소통 통로임을 그날 나는 배웠다.

9) 불편한 관계, 뒷담화의 부작용

파크골프 모임은 다양한 사람들이 함께 어울리는 자리다. 같은 코스를 걷고, 같은 바람을 맞으며 함께 웃지만 사람마다 살아온 배경과 가치관은 다르다. 시간이 흐르면 정이 쌓이기도 하지만, 어느 순간 스며드는 불편함도 있다.

특히 '19홀'이라 불리는 뒤풀이 자리에서는 말의 매너가 골프실력보다 더 중요한 때가 있다. 함께 웃던 사이도 무심코 던진 한마디에 금이 가고, 작은 말씨름이 오래 남는 상처가 되기도 한다.

그중에서도 가장 조심해야 할 것은 '뒷담화'다. 당사자가 없는 자리에서 그 사람에 대한 부정적 평가의 말이 뒷담화다. 처음엔 소슬바람처럼 가볍게 시작되지만, 이내 회오리바람처럼 번져 누구도 책임질 수 없는 뜬소문이 되어 버린다. 뒤늦게 사실을 따져도 이미 마음에는 흉터가 남는다.

사람들은 왜 뒷담화를 할까? 그 속엔 '우리끼리 통한다'는 친밀감 같은 짧은 착각이 숨어 있다. 그러나 그 순간의 착각은 누군가의 마음을 찌르는 칼날이 된다는 사실을 인지하지 못한다. 공은 똑바로 보내지 못해도, 말만큼은 똑바로 해야 한다. 그것이 서로의 관계 수명을 지키는 가장 확실한 매너가짐이다.

[14장] 함께 여는 인생 2막

1) 파크골프에서 배운 것들

젊은 날에는 앞만 보고 달렸다. 하지만 인생 2막에서 만난 파크골프는 속도를 늦추고, 과정을 즐기며, 소소한 행복을 누리는 법을 알려 주었다.

운동을 좋아하지 않던 내가 파크골프에 빠져든 지 어느덧 9년차. 부담 없고 천천히 즐길 수 있는 운동이라 쉽게 시작했다. 초보를 지나면서 차츰 타수에 욕심이 생기니, 연습도 재미있고 타수를 줄이려고 메모도 하며 열심히 했다. 노력한 결과로 서울시대표 선수로 선발되어 전국대회에도 나가 대표선수들과 라운드할 수 있는 기회도 생겼다. 하지만 타수가 좁혀지고 치열할수록 점점 행복보다 경쟁심이 앞서고, 즐거움 대신 부담이 늘어나는 자신을 보게 되었다. 우승은 경쟁이라는 좁은 관문을 뚫고 통과해야만 하는 필연과정이다.

그때 문득 깨달았다. 이 나이에 무엇을 위해 이 경쟁 속에서 마음을 졸이고 있을까. 처음엔 그저 즐기려 했지만, 어느새 승부와 결과에 매달려 있었다. 이 길은 내 길도, 내 취향도 아니었다. 그래서 나는 마음을 바꾸었다.

파크골프는 언제나 맛있게 요리하며 즐길 수 있는 다양한 재료들이 숨어 있었다. 나는 감정 요리사다. 타수가 줄지 않아도 재미있는 방법을 찾아냈고, 공이 빗나가도 짜증 대신 웃음이 났다. 동반자와 함께 웃고, 안타까워하는 그 감정 자체가 즐거움이 되었다.

파크골프가 내게 가르쳐 준 것은, 성적보다 **과정**을, 경쟁보다 **교류**를, 결과보다 **지금 이 순간**을 소중히 여기는 법이다. 그리고 무엇보다 —**마음을 요리하는 법**이다.

2) 용기 있는 도전

2024년 2월 23일, 강원도 화천. 영하 17도의 새벽, 뉴스 자막은 이렇게 흘러갔다.

"한파로 인해 노인 외출 자제."

그러나 나는 새벽 5시에 일어나 핫팩으로 무장하고 준비를 마쳤다. 오늘은 2024 시즌 오픈 파크골프 전국대회 예선 1차전. 일반인과 시니어가 짝을 이루는 포섬전에 참가하기 위해 길을 나섰다. 가족들은 말한다. "왜 사서 그 고생을 하느냐고." 나는 속으로 대답한다. '우승이 중요한 게 아니다. 스스로에게 던진 도전, 그 자체가 이미 난 우승이나 마찬가지다.'

내 타수로는 아직 부족하다. 그러나 이번 대회는 내 실력을 점검하고, 작은 성취감을 챙겨볼 기회다. 무모하지 않으면 얻을 수 없는 것들이 있다. 실패와 좌절이 따라와도, 거기서 보너스를 찾을 줄 안다면 그것이 곧 내 재산이 된다.

"도전이란 이미 길을 떠난 그 순간부터 성공인 셈이다."

3) 유익한 뒤풀이

골프에서는 흔히 '19홀 경기'라는 말이 있다. 정식 라운드가 끝난 뒤, 동반자들과 함께 어울리며 친목을 다지는 뒤풀이 시간을 가리킨다.

얼마 전, 여덟 명의 지인들과 양양 구장으로 1박 2일 원정을 갔다. 첫날은 부담 없는 라운드를 마치고 저녁 식사 자리에 모였을 때, 한 친구가 조심스레 말했다.

"사실은 내일이 내 생일입니다."

순식간에 환호가 터졌고, 모두가 축하 잔을 들었다. 그는 감사의 뜻으로 내일 라운드에 특별한 상금을 걸겠다고 했다. 조건은 단순했다.

"A+B 구장 18홀에서 60타 미만 기록자에게 5만 원씩 상금을 지급한다!"란다. 보통 대회는 우승자만 상을 받는데, 이번에는 절대평가 방식인 셈이다. 잘하기만 하면 모두가 받을 수 있으니 경쟁보다 협력의 분위기다.

평소라면 홀 공략 정보나 기술을 공유하지 않지만, 이날은 서로의 노하우를 나누기 시작했다. "A코스 1번홀은 100m가 넘는 홀로 중앙을 보고 세게 쳐도 되고, 약하면 오른쪽 펜스로 흐를 수 있다. B코스 2번홀은 지형이 오른쪽으로 기울어져 있어 자칫 OB가 나더라" 하니, 다른 친구는 "그래, 왼쪽 나무 울타리 쪽으로 바짝 쳐야 돼!" 하니, 메모장을 꺼내 적기도 하며 라운드 리뷰는 활기가 찼다.

다음 날 결과는? 모두 60타 대를 넘겨 상금 대상자는 없었다. 하지만 제안자가 센스 있게 기준을 62타로 올려 세 명이 상금을 받았다. 저녁에는 그 상금에 1/n씩을 보태서 속초 회집에서 푸짐한 생일 파티가 열렸다. 보통은 생일에 자신이 선물을 받는 자리지만, 이날은 오히려 생일 당사자가 우리 모두에게 선물을 안겼다.

경기 후의 피드백과 전략 공유, 함께 웃으며 축하했던 분위기까지…. 그 뒤풀이는 단순한 뒤풀이가 아니었다. 즉석 생일 파티! 색다른 자축 선물! 우린 깜짝 이벤트로 돈독해진 특별한 경험이었다.

4) 참 좋은 경험!

2024년 3월 15~16일, 대구 위천파크골프장에서 제1회 대통령기 전국 파크골프대회가 열렸다. 나는 화천에서 열린 서울시 대표 선발전에서 여자 시니어 5위의 성적으로 서울시 대표가 되어 대통령기에 출전되었다. 내 실력은 아직 우승권과는 거리가 있지만, 출전 자체로 큰 기회라 생각했다. 기쁘고 설레는 마음으로 참가 신청을 했으나, 주변에서는 이런 말도 들려왔다.

"좀 더 경험 많은 다른 선수가 나가면 서울시가 우승권에 들 텐데…."

그러나 나는 흔들리지 않았다. 남을 위한 것이 아니라, 나를 위한 도전이었다. 내 경험을 맛보기 위해 못 들은 척하고 묵묵히 준비했다.

대회를 앞두고 두 차례 대구 위천구장을 찾았다. 승용차로 세 시간 반을 달려 내려가 보니, 이미 전국 각지에서 몰려든 선수들이 구장을 가득 메우고 있었다. 기다림 끝에 겨우 36홀을 돌았지만, 낯선 코스를 밟는 것만으로도 설렜고 피곤한 줄도 몰랐다. 내 정신력과 체력이 예전보다 훨씬 강해졌음을 알았다.

드디어 대회 날. 낯선 구장이었지만, 지인이 만들어 준 야디지북을 참고하며 조심스럽게 경기를 이어갔다. 무엇보다 전국의 최상위 선수들과 함께 라운드를 했다는 사실만으로도 큰 영광이었다.

결과는 입상과는 거리가 멀었다. 하지만 첫 숟가락부터 배부를 수는 없는 법. 나는 이번 대회에서 몇 가지 다짐들을 챙겼다. "더 열심히 할 것. 실수를 줄일 것. 한 타, 한 타를 소중히 할 것." 그 다짐이야말로 이번 경험이 남긴 가장 큰 성과였다. 전국대회에 출전해 보니, 파크골프의 더 넓은 무대, 전국 골퍼들의 자세와 수준을 직접 보고 배운 것은 내게 값진 선물이었다.

마치 국내여행만 다니다가 해외여행을 다녀온 듯 새로운 세상을 본 느낌이었다. 제1회 대통령기 출전, 그 자체가 참 좋은 경험이었다.

입상보다 값진 것은 경험이 평생의 자산이 된다.

5) 파크골프가 주는 선물들

처음 파크골프를 만났을 때, 그것은 그저 하나의 취미일 뿐이었다. 가볍게 운동을 하고, 사람들과 어울리며 담소하는 정도의 의미였다. 그러나 시간이 흐르며 나는 깨달았다. 파크골프는 단순한 운동이 아니라, 내 인생 2막을 아름답게 포장해 준 선물 꾸러미들이다.

(1) 건강이라는 선물

무엇보다 큰 선물은 **건강**이다. 규칙적으로 걷고, 스윙하며, 잔디 위에서 햇볕을 쬐는 순간들 속에서 몸은 다시 활기를 찾았다. 의사보다 더 좋은 처방을 내린 것이 바로 필드를 선택한 것이다.

(2) 관계라는 선물

파크골프장은 다양한 사람들이 모여드는 삶의 축소판이다. 함께 웃고, 때로는 서로를 위로하며, 동반자의 한마디 격려에서 힘을 얻는다. 경기장에서 주고받는 작은 배려들이 쌓여 내 삶은 더 따뜻하고 넉넉해졌다.

(3) 마음의 선물

실수 앞에서 흔들리는 내 마음을 붙잡는 법, 성공의 순간에도 교만하지 않고 담담히 받아들이는 법, 이 모든 것을 파크골프가 가르쳐 주었다. 공과 대화하고, 바람과 교류하며, 자연의 숨결을 느끼는 동안 나는 나 자신과 더 깊이 만날 수 있었다.

6) 점수보다 과정

처음에는 공이 얼만큼 날아갔는지, 몇 타가 나왔는지가 중요했다. 그러나 시간이 지나며 알게 되었다. 진짜 중요한 것은 결과가 아니라 과정이라는 것을.

홀을 향해 공 앞에 서는 매 순간, 조급하면 몸이 앞서고, 욕심이 생기면 리듬이 깨진다. 실수의 순간, 나는 나를 탓하기보다 마음을 다스리는 법을 배운다.

좋은 샷을 했을 때, 스윙이 흐트러졌을 때도 자신을 책망하지 않는 평정심은 타법이 아니라 태도였다. 오늘 나는 어떤 마음으로 임했는가, 누구와 어떤 대화를 나누었으며, 얼마나 집중하고, 얼마나 나를 내려놓았는가. 스코어는 단순한 숫자가 아니라 그날그날 나의 내면을 비추는 거울이었다. 그런 흔적들은 오늘 내가 살아 낸 삶의 기록이 된다.

7) 경험의 마력

현실은 우리 앞에 끊임없이 경험거리를 던져 준다. 우리는 그것을 순순히 받아들이기도 하고, 때로는 거부하기도 한다. 어떤 현실은 호기심으로 다가와 즐겁고, 어떤 현실은 숙제처럼 무겁게 다가온다.

그러나 어떤 현실(일)이든 끝까지 온전히 마주했을 때, 그 경험은 더 이상 숙제가 아니라 내 삶을 지탱하는 자산이 된다. 충분히 겪어 낸 경험은 아쉬움 없이 인생의 한 페이지로 담담히 자리 잡고, 때로는 새로운 길잡이가 되고, 때로는 위로가 된다. 중도에 멈춘 경험은 끝내지 못한 숙제처럼 남지만, 끝까지 마주한 경험은 더 이상 내 발목을 잡지 않는다.

나는 파크골프를 하며 늘 스스로에게 묻는다. "나는 무엇을 경험했고, 그것을 어떻게 내 기억 속에 저장할 것인가? 그리고 그 경험이 다음의 내 현실에 어떤 길을 열어 줄 것인가?"

파크골프라는 세계에 발을 들인 것도 결국 하나의 선택이었다. 그곳에서 만난 수많은 인연과 순간들이 나의 삶의 자산이 되었고, 그 경험들이 모여 지금의 나를 만들었다.

이제 나는 안다. 경험은 단순한 결과가 아니라, 다음 현실로 건너가는 가교(假橋)라는 것을. 그 다리 위에서 나는 웃고, 배우고, 때로는 넘어지며 다시 일어섰다. 그리고 그 모든 순간이 모여, 오늘의 나를 존재하게 하는 가장 값진 선물이 되었다.

그 선물에 힘입어, 나는 이 책을 쓸 용기를 냈다. 책을 낸다는 일은 단순히 단어를 엮어 내는 작업이 아니었다. 축적된 지식을 마음과 버무리고, 내면의 소리를 활자로 옮기며, 앞뒤 문맥을 다듬고, 독자의 눈높이에 맞춰 이야기를 빚어 내는 과정이었다. 품격 있는 인생 2막이란 이 책은 내가 걸어온 경험의 흔적들이며, 앞으로 걸어갈 누군가에게 작은 길잡이가 되기를 바라는 마음의 기록들이다.

삶의 품격

삶의 품격이란, 지금 이 순간 내가 어떻게 살아가고 있는가의 태도이다. 파크골프는 우리의 일상을 닮았다. 경기 속에서 감사와 겸손을 배우고, 균형과 여유를 찾으며, 스스로를 단단히 다져가는 힘을 얻는다. 샷 앞에서 호흡을 가다듬고, 동반자에게 미소를 건네며, 바람과 햇살을 감사함으로 알아차리는 그 순간들이 파크골프가 삶을 풍요롭게 해준 내 인생 2막의 선물이 되었다.

삶의 품격은 여기서 지금을 즐기는 여유와 긍정의 힘이다!

품격있는 인생2막,
파크골프로 즐기자

초판 1쇄 발행 2026년 1월 26일

지은이 김호순
펴낸이 이기봉
편집 좋은땅 편집팀
펴낸곳 도서출판 좋은땅
주소 서울특별시 마포구 양화로12길 26 지월드빌딩 (서교동 395-7)
전화 02)374-8616~7
팩스 02)374-8614
이메일 gworldbook@naver.com
홈페이지 www.g-world.co.kr

ISBN 979-11-388-5358-3 (03690)

- 가격은 뒤표지에 있습니다.

- 파본은 구입하신 서점에서 교환해 드립니다.